KB212528

무릎으로 피워 올린

감사꽃 200송이

김완수 지음 | 정희순 그림

무릎으로 피워 올린

감사꽃 200송이

김완수 지음 | 정희순 그림

당신의 선물

감사의 시와 편지를 쓰고자 하는 마음을 갖게 하신 당신께 감사를 드립니다.

해피&북스

여기 하나님의 한없는 사랑을 참으로 절실하게 깨달은 한 신앙인의 진솔한 고백이 담긴 감사의 꽃다발이 있습니다.

이 꽃다발은 해를 악인과 선인에게 비추시며, 비를 의로운 자와 불의한 자 모두에게 공평하게 내려주시는 하나님의 그 다함이 없는 사랑을 깨닫고 그 분에게 드린 꽃다발입니다.

이 꽃다발은 죄를 짓고 하나님께 등을 돌린 자들을 끝까지 사랑하셔서 영원한 생명을 허락하신 그 놀라운 아가페의 사랑을 깨닫고 그 분에게 드린 꽃다발입니다.

이 꽃다발은 우리 위해 보내신 당신의 천사들을 통해 그 은혜를 깨닫고 그 분에게 드린 꽃다발입니다.

이 감사의 꽃다발들은 우리 모두가 회개하고 자복하는 심령을 가지고 무릎으로 피워 올려야 할 감사 꽃입니다.

바라기는 『무릎으로 피워 올린 감사꽃 200송이』를 읽고 묵상하면서, 우리의 심령속에도 감사의 영성이 회복되고, 그 회복된 심령이 다시 아름다운 향기 되어 하나님의 보좌 앞으로 올려지기를 축복합니다.

주후 2013년 11월 11일

주 승 중 목사
주안장로교회 담임목사

교수님께 수업을 들었던 때를 생각해보면, 참 별난 교수님이란 생각을 했었습니다. 세상 속에서 세상과 상관없이 독보적인 길을 가시는 것 같은 교수님, 하지만 한 해 한 해 교수님과 함께 하면서, 그 별난 순수함과 강직함이 이렇게 감사의 꽃들을 낳게 되었다는 것을 깨닫게 되었습니다.

최근에 감사의 시와 편지를 쓰게 되었다는 연락을 듣고, 내용을 읽으니 교수님보다 훨씬 어린 저의 신앙의 순수성을 되돌아보게 됩니다. 감사의 내용에 교수님 이야기들이 참 많이 묻어 있는데, 교수님께 하나님이 얼마나 소중한 분인지, 하나님이 주신 생명이 얼마나 귀중한 지가 느껴져서 가슴이 따스해집니다.

굳이 이런 것까지 감사를 찾으셨을까 싶은 눈, 귀, 손, 발, 교통봉사대원, 환경미화원 분들의 내용도 하나하나 읽다 보니 정말 감사할 게 맞는 데, 저 역시 바쁜 삶속에 돌아보지 못했었구나 싶었습니다. 글자 하나하나에, 단어 선택 하나하나에 마음을 담고 고심하셨을 교수님을 생각하니 그 정성과 하나님을 향한 순애보가 느껴져서 미소를 머금게 됩니다.

시 뿐 아니라 모든 편지에 적혀 있는 교수님의 겸손한 이야기들도 여러 부분 돌아보게 됩니다. 어떻게 이런 생각을 하시고 시를 쓰게 되었을지 그려지고, 그 마음에 감동이 됩니다. 항상 교수님이 그렇게 사셨으면 좋겠다고 소망합니다. 그리고 세상의 많은 분들도 교수님처럼 움켜진 손을 펴는 지혜로움, 높은 마음을 낮추는 하나님을 향한 거룩함이 생겨났으면 좋겠다고 생각해봅니다.

'감사하자, 감사하자', 하나님의 말씀처럼 항상 기뻐하고 감사하는 삶을 살자고 다짐하지만, 순간순간 놓치는 모든 사람들에게 이 책이 바쁜 삶 속에서도 꼭 잊지 않고 찾게 되는 한 잔의 커피와 같은 선물이 되기를 기도하겠습니다. 감사합니다.

2013년 11월 12일
제자 (20대) 강보라

수십 년째 당신을 믿으면서도 저 중심의 신앙생활을 해온 이기적인 철부지였습니다. 믿음으로 살고자 하면서도 늘 걱정과 불안을 떨쳐버리지 못하고 자신이나 가족의 세속적인 욕망이나 문제에 연연(戀戀)하며 도와달라고 떼를 쓰는 데만 급급한 어리석은 죄인이었습니다.

　그럼에도 불구하고 늘 함께 하시고 온갖 사랑의 은총을 베푸시는 당신 덕분에 오늘의 제가 있는 걸 감사드립니다. 당신의 축복으로 30여 년 학생들을 가르치고 20여 권의 책을 출간했지만 당신께 감사하는 편지 한 장 쓰지 않은 배은망덕한 자에게 특별한 은총을 베푸시어 이제라도 감사의 시와 편지를 쓰고자 하는 마음을 갖게 하신 당신께 감사를 드립니다.
　대자연의 선물, 영생의 은총은 물론, 날마다 돌보시고 인도하시는 당신의 한없는 사랑을 이 둔자가 어떤 말로 표현할 수 있으리오! 단지 당신의 수많은 백성 가운데 이 철부지 둔자에게 그런 기회를 허락하신 당신께 감사하고 또 감사할 뿐입니다.

　허물 많고 뻔뻔한 죄인이 회개하는 믿음으로 피워 올린 감사꽃들이 당신의 마음을 기쁘게 하고, 근심이나 불평이 많거나 믿음이 연약한 자들에게 감사의 믿음을 높이며, 믿음의 영성과 감성을 회복하는데 다소나마 도움이 될 수 있는 당신의 귀한 도구로 쓰임 받을 수 있기를 간절히 소원합니다.

　영국에서는 17세기에 John Donne, John Milton, 20세기에 T.S. Eliot 등과 같은 걸출한 기독교 시인들이 그 나라 백성들에게 지대한 문화적 영향을 주었는데, 우리나라에서도 시, 소설, 영화 등의 분야에서 기독교 작가들이 많이 나와 나라의 문화를 선도하게 되기를 간절히 바랍니다. 특별히 컴퓨터나 스마트폰의 폭력이나 왜곡된 성에 관련된 프로그램에 중독돼 있는 청소년들에게 올바른 가치관과 정서 및 비전을 키워줄 수 있는 문화가 하루빨리 확산되기를 간절히 소원합니다.

　사물이 이중으로 보이는 복시와 불면증의 고통 중에서도 이 글을 끝까지 마무리할 수 있도록 은혜를 베푸신 당신과 미래신경과와 행복드림의원 의사

선생님들께도 깊은 감사를 드립니다.

 끝으로 어려운 경제적 여건 가운데서도 문서선교에 앞장서는 출판사 관계자 여러분들께 감사드리며 부족한 글에 추천의 글로 격려를 아끼지 않으신 분들께도 심심한 사의를 표합니다.

2013년 10월 27일
김완수

차 례

추천의 글 1.   4
추천의 글 2.   5
들어가는 말   6

제 1 부
보물의 선물

보물 1호 – 눈물   14
감사의 편지 1   15
보물 2호 – 혀   16
감사의 편지 2   17
보물 3호 – 심장   18
감사의 편지 3   19
보물 4호 – 두뇌   20
감사의 편지 4   21
보물 5호 – 눈   22
감사의 편지 5   23
보물 6호 – 손   24
감사의 편지 6   25
보물 7호 – 귀   26
감사의 편지 7   27
보물 8호 – 발   28
감사의 기도 8   29
믿음의 선물   30
감사의 편지 9   31
재능의 씨앗   32
감사의 편지10   33
당신의 음성   34
감사의 편지 11   35
기도의 은총   36

감사의 편지 12   37
아버지   38
감사의 편지 13   39
복음의 씨   40
감사의 편지 14   41
말씀의 네비게이션   42
감사의 편지 15   43
당신의 이름   44
감사의 기도 16   45
양심   46
감사의 편지 17   47
주일   48
감사의 편지 18   49

제 2 부
사랑의 선물

부모   52
감사의 편지 19   53
배우자   54
감사의 편지 20   55
자녀   56
감사의 편지 21   57
오늘   58
감사의 기도 22   59
꿈을 꾸게 하시니   60
감사의 편지 23   61
24 시간   62
감사의 편지 24   63
사명의 깃대   64
감사의 편지 25   65

차 례

평안 66
감사의 편지 26 67
예배 68
감사의 편지 27 69
복음방송 70
감사의 편지 28 71
눈을 뜨며 솟구치는 감격 72
감사의 편지 29 73
생명의 떡 74
감사의 편지 30 75
의사 76
감사의 편지 31 77
환경미화원 78
감사의 편지 32 79
교통 봉사대원 80
감사의 편지 33 81
볼 수 있다는 게 82
감사의 편지 34 83
말할 수 있으니 84
감사의 편지 35 85
걸을 수 있다는 한 가지 86
감사의 편지 36 87
먹을 수 있으니 88
감사의 편지 37 89
들을 수 있으니 90
감사의 편지 38 91
볼 수 있으니 92
감사의 편지 39 93
당신의 음성 94
감사의 편지 40 95
신비한 열쇠 96
감사의 편지 41 97

구름 위를 날다 98
감사의 편지 42 99

제 3부
대자연의 선물

찬바람 102
감사의 편지 43 103
새싹 104
감사의 편지 44 105
진달래 106
감사의 기도 45 107
공원 산책 108
감사의 편지 46 109
종달새 110
감사의 편지 47 111
함박눈 112
감사의 편지 48 113
대한민국 114
감사의 편지 49 115
파아란 하늘 116
감사의 편지 50 117
고향 118
감사의 편지 51 119
게발 선인장 120
감사의 편지 52 121
태양 122
감사의 편지 53 123
폭풍우 124
감사의 편지 54 125
보름달 126

감사의 편지 55   127
어둠   128
감사의 편지 56   129
포도나무   130
감사의 편지 57   131
연단의 채찍   132
감사의 편지 58   133
민들레   134
감사의 편지 59   135
나비   136
감사의 편지 60   137
매미   138
감사의 편지 61   139
은행잎   140
감사의 기도 62   141
석양   142
감사의 편지 63   143
겨울나무   144
겨울나무감사의 편지 64   145

제 4 부
구원의 선물

불가해한 당신   148
감사의 편지 65   149
십자가   150
감사의 편지 66   151
주홍 글자   152
감사의 편지 67   153
침묵의 눈빛   154
감사의 편지 68   155

한 배를 타신 당신   156
감사의 편지 69   157
발을 씻기신 당신   158
감사의 편지 70   159
부활한 당신의 가슴   160
감사의 편지 71   161
범사에 감사   162
감사의 편지 72   163
말씀의 군사들   164
감사의 편지 73   165
부자가 아니어서   166
감사의 편지 74   167
오병이어   168
감사의 편지 75   169
쓴물   170
감사의 편지 76   171
바라봄의 비밀   172
감사의 편지 77   173
순종   174
감사의 편지 78   175
불면증   176
감사의 기도 79   177
질병   178
감사의 편지 80   179
당신의 나라를 바라보게 하시니   180
감사의 편지 81   181
오래 참는 자비   182
감사의 편지 82   183
말씀의 무기   184
감사의 편지 83   185
배고픔의 학교   186
감사의 편지 84   187

차 례

사랑스런 아기	188
감사의 편지 85	189
시간을 주시니	190
감사의 기도 86	191
죽음의 문	192
감사의 편지 87	193

제 5부
스승의 선물

세례 요한	196
감사의 편지 88	197
89. 다윗	198
감사의 편지 89	199
모세	200
감사의 편지 90	201
아브라함	202
감사의 편지 91	203
바울	204
감사의 편지 92	205
베드로	206
감사의 편지 93	207
요셉	208
감사의 기도 94	209
다니엘	210
감사의 편지 95	211
욥	212
감사의 기도 96	213
예레미야	214
감사의 편지 97	215
하박국	216
감사의 편지 98	217
야곱	218
감사의 편지 99	219
삭개오	220
감사의 편지 100	221

제 1 부 보물의 선물

보물 1호 - 눈물

하늘에서 떨어지는 것이나
땅에서 솟아나는 것과는
전혀 달리
가슴 속 깊은 곳에서
빚어내는
촉촉한 보석

사랑하는 사람이 멀리 떠나거나
사무치게 그리울 때,
부모나 당신의 심장에
내리친 못이
뒤늦게 양심의 벽을 찔러댈 때,
촉촉한 불꽃으로
폭포처럼 쏟아지는 보석은
어찌 그리 애처롭고도 아름다운 빛깔로
빛나는지요

뜨거운 열기로 터질듯 하거나
아르르 가슴이 저며 올 때
때로는 흐느끼는 소리로
때로는 굉음의 폭포수로 빚어지는 보석은
시원하게 씻어주고 아물게도 하는
당신의 신비한 선물

이 아름답고 신비한 보석을
욕심 보따리의 기대 수치를
채우지 못할 때
사용하기보다는
당신 가슴의 기대 수치를
채우지 못할 때
기도의 촉촉한 제물로
사용하게 하소서

무릎으로 피워 올린 감사꽃 200 송이

감사의 편지 1

　TV나 컴퓨터를 통해서 날마다 흉악하고 끔찍한 사고를 접하고 물질만능
주의 사회 속에서 치열한 생존경쟁에 지치다보니 사람들의 눈물마저 메말
라버린 것 같습니다. 날마다 당신의 말씀, 당신이 만든 아름다운 대자연, 세
계 구석구석의 미담을 전하는 뉴스 속에서 아름다운 감동의 눈물을 흘리며
살면 얼마나 좋을까요?

　사랑하는 연인이나 부모 또는 자식과 어쩔 수 없이 이별할 때 흘리는 눈
물, 부모나 당신께 잘못된 과오를 깨닫고 무릎 꿇고 가슴으로 흐느끼며 뜨
겁게 쏟아지는 눈물은 얼마나 애처롭고도 아름답게 빛나는 촉촉한 보석인
지요. 특히 너무나 답답하거나 억울하거나 슬플 때 펑펑 쏟아내고 나면 얼
마나 후련하고도 마음이 평안해지는지요. 치유의 능력까지 들어있는 신비
한 사랑의 샘물을 주심에 감사의 눈물을 드릴 뿐입니다.

　이 아름답고 심금을 울리는 보석을 화를 참을 수 없거나 내 뜻이 이뤄지지
않는다고 낭비하지 말게 하시고 당신의 뜻대로 살지 못할 때마다 진실한 회
개의 제물로 받치게 하소서! 타인의 마음을 속이는 가증스런 수단으로는 절
대 사용하지 못하게 하소서!

보물 2호 – 혀

얼마나 귀중한 보물이기에
하얀 제복의 장수들을
문지기로 줄 세우고
입구에 빨간 자물통까지
달아놓으셨나요

만인의 가슴을 적시는
향기로운 자모음이
눈물과 함께 쏟아져 나올 때면
최상의 보물이라고
박수갈채를 받지만
공갈, 협박, 분노의
거칠고 더러운 자모음이 쏟아져 나올 때면
시궁창보다도 심한 악취에
모두 다 고개를 돌리거나 달아납니다

아무리 급하거나
참을 수 없어도
문지기를 삼엄하게 세우시고
자물통까지 달아
이 보물을 지키게 하신 당신을 생각하며
자음과 모음의 반죽을 잠시 멈추게 하소서

보드랍다가도 날카롭고
향기롭다가도 악취 나는 이 보물을
당신의 말씀으로
날마다 순간마다 길들이셔서
당신께 감사하는 노래가 배어있는
향기로운 자모음만
빚게 하소서

무릎으로 피워 올린 감사꽃 200 송이

감사의 편지 2

　말씀으로 우주만물을 창조하신 당신께서 우리에게도 모든 감정이나 생각을 표현할 수 있는 도구를 주심에 감사드립니다. 보드랍고 조그만 근육이지만 이빨을 줄 세워 보호하시고 입술의 자물통까지 달아놓으신 걸 보면 함부로 다뤄서는 안 되는 소중한 보물임을 새롭게 깨닫습니다. 바다의 배도 조그만 키로 항해의 방향을 결정한다고 하는데 인간에게도 그 사람의 인격 됨됨이를 표현하는 얼마나 중요한 도구로 만드셨는지요.

　당신을 찬양하는 복음송 가수의 눈물어린 찬송가를 듣거나 성악가의 그윽한 노래를 들으면 당신의 이 선물이 얼마나 멋지고 아름다운 보물로 느껴지는지요. 반면에 분노로 욕을 퍼붓는 사람들의 악담을 들을 때면 얼마나 더럽고 추한 물건으로 느껴지는지요. 소중한 보물도 사용하는 주인에 따라 큰 차이가 나는 걸 절감하게 됩니다.

　저에게도 당신이 선물하신 깊은 의미를 깨닫지 못하고 함부로 가볍게 사용했던 셀 수 없이 수많은 부끄러운 경험들이 있었습니다. 불쌍히 여기시고 용서하여 주시옵소서! 이제는 당신의 자녀답게 기도와 말씀으로 늘 길들이며 신중하고 은혜롭게 자음과 모음을 만들어 날마다 만나는 모든 이들에게 기쁨과 감사, 위로와 소망의 향기가 넘쳐나는 당신의 귀중한 보배로 사용하게 하소서!

보물 3호 - 심장

맥박을 시동 건 순간부터
백여 년 세월
단 한번 졸지도 쉬지도 않으며
주인에게 충성을 다하도록
개별 맞춤식 디자인한 이것은
도대체 값이 얼마인가요

하늘나라와 교신하는
영혼의 무선 통신소와
양심의 은밀한 골방은
어디에 숨겨 놓았고
머리와 교신하는 통신선은
어디에 깔려 있으며
희로애락의 담당 사무실은
어디에 있나요

값어치도 모르고
때로는 주먹질로
분노를 퍼붓는 자에게
숫자로 계산할 수도 없는
귀하고 놀라운 보물을
왜 선물로 주시고
사랑의 통신문을
날마다 보내시며
아기처럼 돌보시는 건가요

이제라도
당신께 주파수를 맞추고
날마다 감사의 편지와 노래를 보내며
당신의 고귀한 말씀을
세상의 수많은 영혼 통신소에
기쁨으로 전하게 하소서

무릎으로 피워 올린 감사꽃 200 송이

감사의 편지 3

　대부분의 생명체에게 절대 없어서는 안 되는 공기나 물처럼, 인간의 생명
을 유지하는데 반드시 필요한 심장이 날마다 나를 위해 밤낮없이 뛰어주는
데도 얼마나 소중한 존재인지 생각조차 안 하고 당연히 몸속에 붙어있는 부
속품 중의 하나라고 등한시하며 살아왔습니다.

　이제와 생각하니 당신이 주신 소중한 보물 중에도 특별히 중요한 보물임
을 절감하고 감격적인 감사를 드립니다. 주인이 게으르든, 기분이 좋든 나
쁘든, 죽는 날까지 하루도 쉬지 않고 자기의 임무를 다하며, 주인의 변덕스
런 희로애락에 따라 때로는 터질 것 같고, 때로는 움직이기 싫을 때도 있
고, 때로는 칼로 찢고 도려내는 통증을 느끼면서도 변함없이 충성을 다 하
는 보물. 더욱 더 놀랍고 궁금한 것은 당신의 음성을 청취하는 영혼과 양심
은 어디에 있고 희로애락의 감정을 느끼는 곳은 어디에 설치되어 있는지요.

　이 신비한 보물을 공짜 선물로 주시고 날마다 자는 순간도 안전과 평안을
지켜주시는, 말로 다 할 수 없는 세심한 사랑을 세월이 갈수록 진하게 느낍
니다. 이제부터라도 심장을 뒤흔들고 평안과 기쁨을 빼앗아가는 세상의 부
질없는 것들에 눈길을 두지 말게 하시고, 당신께만 주파수를 맞추고 늘 감
사와 기쁨의 감격을 느끼게 하소서! 힘겨운 고난 속에서 자존감과 삶의 의
욕조차 잃어버린 자들의 심장을 위로하며 당신의 사랑을 나누게 하소서!

보물 4호 - 두뇌

호두 몇 알처럼 작지만
수만 가지 능력과 재능의 파일이 깔려있으며
평생 동안 아무리 사용해도
충분히 남아도는 용량을 자랑하는
이 세상 어떤 초대형 컴퓨터와도
비할 수 없는 보물

온몸의 기관 파일에
명령을 내리는 사령관인 이성(理性)은
대뇌의 무슨 홈페이지에서 근무하고
셀 수 없는 정보와 지식을 저장하는 파일은
어느 뇌, 몇 개의 파일에 들어있으며
문학, 미술, 음악, 스포츠
각종 예술과 취미를 관리하는 블로그는
어디에서 활동하고 있나요

이 정교하고 신비한 보물을
공짜로 받고도
이 어리석은 바보는
보물을 선물하신
당신의 귀한 뜻을 깨닫지 못한 채
손익과 안락을 신속히 계산하는 기계처럼 사용하며
당신을 도우미나 종처럼
수시로 부리고 있는
배은망덕한 죄인입니다

무릎으로 피워 올린 감사꽃 200 송이

감사의 편지 4

컴퓨터나 스마트 폰의 성능은 해마다 눈부시게 달라지고 있습니다. 그것들을 늘 사용하면서 만든 사람들의 대단한 솜씨에 놀라곤 합니다. 그러나 그러한 능력을 가진 인간의 두뇌, 특히 나의 두뇌의 능력에 대해서는 감탄한 적이 별로 없습니다. 저는 다년 간 수많은 학생들을 가르치며 자신의 두뇌가 뛰어나다고 생각하는 학생들보다 보통이거나 보통 이하라고 열등감을 가진 학생들을 더 많이 보았습니다.

타인과의 비교의식에서 비롯된 이러한 열등감 때문에, 다수의 사람들은 자신의 두뇌가 정말 얼마나 놀라운 능력을 가진 보물인지 모르는 것 같습니다. 어떤 대단한 능력의 사람도 평생 뇌의 10% 이상을 사용하지 못하고 죽는다는 말을 들은 적이 있습니다. 그렇다면 인간은 누구나 노력하면 천재적인 능력을 발휘할 수 있는 위대한 두뇌를 소유하고 있는 것이겠지요.

컴퓨터와는 비교도 안 되는 수많은 기능과 재능, 이것들을 평생 계발하면 어디까지 성장할 수 있는 걸까요? 이것들을 관리하고 지휘하는 이성(理性)은 어느 뇌에 있으며 무엇으로 만드신 걸까요? 이 정교하고 신비한 보물을 만들고 선물하신 당신은 얼마나 위대한 분일까요? 그럼에도 당신의 소중한 의도는 아랑곳 하지 않고 자신의 욕망을 위한 기계처럼 사용하며, 위대한 선물을 베푸신 당신마저 종처럼 부리려 드는 이 자는 참으로 어리석고 뻔뻔한 죄인입니다.

보물 5호—눈

가깝거나 먼 물체의
크기, 색깔, 나이를
자동 신속 장치로
촬영하는 기술은 기본

상대방 기쁨, 슬픔, 분노,
사랑, 좌절, 배고픔의 수치까지도
재빨리 읽어내고
그러한 감정을
말이 통하지 않는 외국인이나 동물에게도
미묘한 빛깔로 때로는 액체를 적당히 섞어가며
정확히 말하는 이것은
어디서 무엇으로 만든 보석인가요

호수처럼 맑고 깊어서
영혼의 생각과 감정의 씨앗들을 그대로 반사하는
아름답고 똑똑한 보석을
하나도 아니고 두 개를 선물로 받았는데
밝고 따뜻한 미소의 빛을 쏘아
기쁨과 행복을 퍼뜨리는 기술과
흘기고 째리는 빛을 쏘아
슬픔과 분노에 빠뜨리는 기술
왜 둘 다를 사용하여
수시로 단련할까요

만나는 모든 자에게
근심이나 불평,
슬픔이나 분노 대신,
기쁨과 감사의 영혼을 반사하는
밝고 따뜻한 미소의 빛으로
얼어붙은 영혼을 녹이며
선물 준 당신의 사랑을
한평생 보답하게 하소서

무릎으로 피워 올린 감사꽃 200 송이

22

감사의 편지 5

태어난 후 수십 년 세월 모든 걸 편하게 보고 즐길 수 있는 눈이 있다는 걸 당연시 하며, 눈이 대단히 귀중하다는 인식조차 해보지 않은 채 오늘까지 살아왔습니다. 기도를 해도 눈에 대한 감사의 기도를 해본 적이 없었지요. 그러던 저에게 수개 월 전 갑자기 사물이 두 개로 보이는 복시라는 현상이 생겨 거의 한 달 동안 외출도 못한 채 눈을 감고 누워서 괴로워했습니다. 어지러워 사물을 제대로 볼 수 없고 마음까지 불안하여 눈을 뜨고 있기조차 힘들었습니다. 시작장애인의 애환을 뼈저리게 통감하게 되었습니다.

그때서야 정상적인 두 눈을 소유하며 산다는 것이 얼마나 큰 축복인지 알게 되었지요. 두뇌와 연결된 자율신경 장치 때문에 별다른 노력 없이도 사물을 신속하고 정확하게 보는 것뿐만 아니라 상대방의 감정까지도 읽어내고 전달할 수 있는 아름답고도 똑똑한 두 눈을 선물하신 당신께 말할 수 없는 감사를 드립니다! 특히 아름다운 사랑의 감정을 표현할 수 있는 살아있는 보석을 만드신 당신의 위대한 능력에 찬양을 드립니다!

위대한 당신의 선물임에도 불구하고 한심스럽게 때때로 흘기고 째리는 눈빛을 사용하여 상대방의 가슴에 분노나 불쾌감, 슬픔을 일으키기도 하였음을 가슴 깊이 회개합니다. 이제부터는 불만이나 분노의 감정을 즉흥적으로 드러내기보다는, 늘 기도로 당신의 은총을 구하며 기쁨과 감사 가득한 미소의 눈빛으로 당신의 소중한 도구로 쓰임 받게 하소서!

보물 6호—손

체조, 춤추기, 연주,
공예, 붓글씨, 미술, 글쓰기,
온갖 재능이 돋보이지만
거드름을 피우거나
불평을 노래하지 않고
언제나 부지런히
주인을 섬기는
충실하고 친절한 비서

지치거나 슬픈 자를
따뜻한 체온으로
붙잡아 일으켜 세우고
어깨를 두드려주거나 안아주며
직접 쓴 위로의 편지를 건네거나
감동적인 연주를 해줄 때는
당신의 아름다운 선물에
눈물이 펑펑

남보다 먼저
많이 잡거나 많이 받으려
핏줄을 세우기보다는,
잡은 것이나 받은 것이
남보다 적다고
주먹질을 해대기보다는,
적거나 많거나
이미 가진 것에
감사의 박수를 치게 하시고
콩 한 쪽이라도 남과 나누도록
당신이 주신 비서를
기도의 눈물로 길들이게 하소서

무릎으로 피워 올린 감사꽃 200 송이

감사의 편지 6

수십 년 날마다 온종일 종처럼 부려먹기만 하고 칭찬이나 감사의 기도 한 번 드려주지 못했지만 언제나 불평 없이 온갖 재능으로 친절하게 도와주는 고마운 비서를 주신 당신께 깊은 회개와 감사의 기도를 드립니다.

가끔씩 길에서 그들 중 하나가 없이 다니는 사람들을 보기만 해도 얼마나 이상하고 불편하게 보이고 가슴에 짠한 눈물이 감도는지요. TV에서 두 팔 두 다리가 없는 일본사람 오토다케를 보았을 땐 얼마나 제가 당신의 사랑과 축복을 받은 사람인지 실감하였지요.

당신이 주신 선물로 슬프거나 괴로운 자를 따뜻이 안아주며 직접 쓴 손 편지를 건네거나, 바이올린이나 피아노로 환상적인 연주를 하여 한없는 기쁨이나 슬픔으로 가슴을 진하게 울려주는 사람들을 보면 당신의 위대한 선물에 감탄하게 됩니다.

그런 보물을 두 개씩이나 받고도 때때로 불평을 하거나 화를 내며 주먹질을 하거나 땅바닥을 내치친 자신을 생각하면 너무나 어리석고 배은망덕한 자신이 한없이 부끄럽습니다. 앞으로는 날마다 평생 사용할 수 있는 고귀한 선물을 주신 당신께 감사와 찬양의 박수를 치며 당신의 기쁨과 영광이 되는 일을 자발적으로 할 수 있도록 끊임없는 기도로 길들이게 하소서!

보물 7호—귀

미세한 한 음(音)까지도
지나쳐 달아나지 않도록
소용돌이 타원형 안테나를
파수꾼으로 세워놓고

좁다란 미로로
신속히 안내하여
위험한 소리, 기분 좋은 소리, 화난 소리
다양한 감정의 색깔과 농도까지도
얇은 막을 파르르 떨어
즉시 분석해내는
신비한 음향 컴퓨터

입은 한 개를 주셨는데
안테나 두 개에다 컴퓨터 두 대를
선물로 주신 것은
말은 적게 하고
듣는 것은 두 배로 잘 들으라는
당신의 심오한 뜻이
숨어있는 건가요

당신의 놀라운 보물이
온갖 유혹의 소리와
세상의 추잡한 소음으로
오염되거나 중독되지 않도록
항상 기도의 세정제로 청소하며
당신이 원하는 설명서대로 사용하게 하소서

감사의 편지 7

　소용돌이 타원형 모양의 예쁜 보석을 얼굴 양쪽에 달아주시고 온갖 소리의 종류와 감정과 의미까지 신속하게 분석할 뿐만 아니라 온몸의 균형 감각까지 유지할 수 있는 고막, 달팽이관, 이석(耳石) 등의 장치들을 보석과 연결된 통로의 깊숙하고 안전한 곳에 설치해 주신 당신의 세밀하고 위대하고 신비한 능력에 감탄할 뿐입니다.

　가끔 당신 선물의 들을 수 있는 기능과 말할 수 있는 기능을 상실하여 손으로 대화를 하는 사람들을 만나게 되면 아무런 노력도 없이 편하게 듣고 말할 수 있다는 기능이 온전하다는 게 얼마나 큰 축복의 선물인지 절감하게 됩니다. 특히 당신의 말씀과 찬양의 노래, 새, 바람, 물 등 온갖 자연의 소리, 부모와 자식, 남녀 간의 사랑의 대화를 언제나 평생 들 수 있는 보물을 두 개씩이나 선물하신 당신의 은혜에 감탄할 뿐입니다.

　분에 넘치는 축복을 받은 자임을 언제나 기억하면서 돈, 명예, TV, 컴퓨터 등 온갖 세상의 유혹의 소리에 오염되지 않고 당신의 미세한 음성을 들을 수 있도록 늘 기도로 당신의 선물을 거룩하고 깨끗한 보물로 유지하게 도와주소서! 그리고 항상 자신을 주장하기보다는 타인들, 특히 가난하거나 나약하고 억울한 자들의 신음소리를 놓치지 말고 들으며 그들을 위해 기도하게 하소서!

보물 8호—발

번드레한 입술로는
힘없고 낮은 자를 사랑하라
큰 소리로 나불대면서도
언제나 박수 받고
높은 곳에 오르지 못해
목이 타는데

주인의 기쁨과 영광을 위해
가장 낮은 곳에서
묵묵히 언제 어디라도
씩씩하게 달려가는
충성된 한 쌍의 보물

당신의 기쁨과 영광을 위해
자신을 낮추는 종의 법을
보물의 행실을 보며
날마다 스스로 배우게 하시니
당신의 선물이
감사하고 자랑스럽습니다

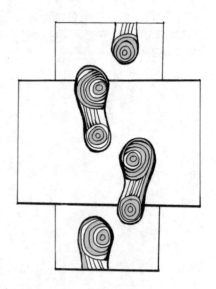

무릎으로 피워 올린 감사꽃 200 송이

감사의 기도 8

　대부분의 시간을 양말이나 신발 속에 가려져 있으면서도, 가장 낮은 곳에서 자신의 한 부분조차 나타내려 하지 않고, 한 마디 불평이나 반항도 없이 주인의 기쁨과 영광을 위해 주인만을 세워주며 자신을 기꺼이 희생하는 충성된 보물을 주셨습니다. 하지만 언제나 저의 욕망만을 서둘러 앞세우며 재빨리 행동하지 않는다고 때로는 허물이 까지거나 피가 나고 살이 퉁퉁 부어오를 때까지 휘몰아친 매몰찬 주인이었음을 고백하오니 어리석고 미련한 죄인을 불쌍히 여기시고 용서하여 주시옵소서!

　요즘은 때때로 빨리 걷거나 뛰는 것도 힘이 들어 여기 저기 통증을 느끼며 몸에 대한 자신감이 점점 떨어지고 있습니다. 운동장에 갈 때마다 힘차게 달리거나 공을 차는 아이들을 보면 부러운 시선으로 물끄러미 바라보며 오랜 세월 헌신한 당신의 선물을 측은한 마음으로 이리저리 살펴보며 앞뒤로 움직이기도 하고 주물러주며 새삼스레 감사의 마음을 표현하곤 합니다.

　이제는 당신의 보배로운 선물을 자상하게 보살피고 사랑하며 뼛속 깊이 우러나는 마음으로 당신께 감사하게 하시옵소서! 수시로 고귀한 선물을 바라보며 저 자신을 나타내고 인정받기 위해 아직도 꿈틀대며 솟아오르는 모든 욕망을 온전히 내려놓고 주인이신 당신께서 저에게 원하시는 뜻과 영광만을 기도와 말씀으로 분별하며 항상 기쁨과 감사함으로 순종하고자 최선을 다하는 충성스런 종이 되게 하소서!!

믿음의 선물

처음에 받을 땐
얼떨떨한 기쁨이었지만
세월이 갈수록
비바람 눈보라가 수시로 몰아치는
삶의 가파른 언덕에서
어떠한 통증도 눈물도 외로움도
기대고 달랠 수 있는
든든한 지팡이

믿음의 지팡이를 굳게 잡고
사랑하는 당신과 함께라면
갑자기 죽음의 웅덩이에 빠진다 해도
두려움에 떨지 않고
힘차게 건널 수 있는
담력의 분수가 솟구치니

어떠한 자격도 대가도 없이 받은
믿음의 지팡이는
이 땅 그 무엇으로도
살 수도 구할 수도 없는
당신만의 고귀한 선물

무릎으로 피워 올린 감사꽃 200 송이

감사의 편지 9

대학교 3학년 때 당신을 처음 만나 믿음을 선물로 받았을 땐, 난치병의 유일한 탈출구를 만난 기분이었어요. 기쁘기도 했지만 믿음을 주로 질병을 이겨내는 수단으로 생각했었지요. 그 후로도 삶의 난관이 있을 때마다 당신께 도움을 청하는 의지의 방법으로 여기며 필요할 때만 간절히 기도하고 평소엔 믿음의 생활을 소홀히 하며 지낼 때가 많았습니다.

하지만 수시로 비바람 불고 눈보라 치는 산 너머 산, 외롭고 고달픈 삶을 살아가며 믿음의 선물이 세상의 그 무엇보다도 소중하다는 것을 깨닫게 되었습니다. 아무도 100% 의지할 수 없는, 삭막하고 위험한 세상을 믿음이 없을 때는 어떻게 살았을까 생각해보면, 눈앞이 아찔할 뿐입니다.

이제는 눈을 뜨는 순간부터 잠자리에 드는 순간까지 당신의 사랑과 은혜를 구하는 기도가 저절로 나옵니다. 하루하루 무사히 살아가는 모든 것이 당신의 전적인 은혜요 축복임을 고백합니다. 인생의 목적도 모르며 방황하다 죽을 수밖에 없는 불쌍한 죄인에게, 우주를 지으시고 다스리시는 당신을 의지하며 살다가 당신의 나라까지 갈 수 있는 위대한 믿음의 선물을 공짜로 주신 당신께 무한 감사와 찬양을 올립니다! 믿음은 어떠한 두려움도 고통도 위로하고 치유하는 고귀하고 신비한 지팡이와도 같습니다!

재능의 씨앗

주면 줄수록
쓰면 쓸수록
없어지고 서운해지는
빵이나 돈과는 달리,

주면 줄수록
쓰면 쓸수록
수많은 기쁨의 꽃을 피우며
빵도 돈도 명예의 열매도
주렁주렁 열리는
신비한 씨앗

아무도 빼앗지 못하게
머릿속, 가슴속 깊은 곳에 숨겨주신
당신의 뜻을
어찌 다 찾아낼 수 있으리오

기도의 땀 흘리며
믿음과 순종의 물을
날마다 주어
당신의 기쁨과 영광을 꽃피우는
싱그러운 거목이 되게 하시고
힘들고 지친 자들과
꽃과 향기와 열매를 나누는
쉴만한 그늘이 되게 하소서

신비한 선물을
남보다 작다고 투덜대거나
남보다 크다고 거들먹대며
쾌락과 교만의 도구로만 사용하는
어리석고 불쌍한 자가
절대로 되지 않게 하소서

무릎으로 피워 올린 감사꽃 200 송이

감사의 편지 10

귀중한 물건이나 돈을 타인에게 베풀기는 쉽지 않은 일인 것 같습니다. 주는 자가 받는 자보다 행복한 사람이라고 듣기도 많이 듣고 스스로 떠벌리기도 하지만 당신께 드리는 헌금조차 넉넉한 마음으로 흔쾌히 하지 못할 때가 많이 있는 인색한 자임을 고백합니다.

하지만 당신은 남에게 아무리 베풀어도 줄어들지 않고 줄 때마다 기쁘고 보람을 느끼며 돈과 명예까지 얻을 수 있는 소중한 재능을 아무도 뺏어 갈 수 없는 머리나 가슴속에 씨앗처럼 선물로 숨겨주셨습니다. 사람마다 얼굴 모습이 다르듯이 서로 다른 재능을 베풀어주신 당신의 신비하고 놀라운 능력과 사랑의 깊은 뜻을 어찌 다 헤아릴 수 있을까요?

일부 사람들은 평생토록 숨어있는 소중한 재능을 발견치도 못한 채 자신은 잘 하는 게 없다고 자책하며 자존감을 상실한 채 안타까운 인생을 살아가기도 합니다. 미련한 저도 40세 무렵에야 강의와 글쓰기의 재능이 당신께서 베푸신 선물이라는 것을 확신하게 되었습니다.

제가 바라는 성공의 꿈이 이루어지지 않는다고 당신의 존재마저 의심하던 자에게 저같이 방황하는 수많은 사람들에게 성공과 인생에 대한 그릇된 가치관을 말과 글로 치유할 수 있는 놀라운 재능을 주셨다는 걸 생각하면 너무나 감사할 따름입니다. 당신이 주신 재능을 끊임없이 계발하며 당신의 영광을 위한 도구로 사용하게 하소서!

당신의 음성

때로는 소리침으로
때로는 흐느낌으로
당신의 목소리를 속 시원히 듣고 싶어
몸부림치며 애원하지만

당신은 침묵으로 숨어 계시다
양심의 문을 미세하게 두드리고
속삭여주시거나
꽃잎의 환한 미소로
말씀을 대신해주시거나
누군가의 입술을 통해
신호를 받게 하시니

미련한 이 몸은
마음의 귀가 둔하고 딱딱하여
변화무쌍한 모습으로 전하시는
당신의 은밀한 음성을
쉽사리 듣지 못해
언제나 애타는 마음의 귀를 세우고
당신께 엎드렸습니다

때때로 답이 없어 심장이 터질 듯 했지만
다급한 계절을 지나고 보면
가장 적기에 놀라운 방식의 음성으로
철없는 어린 양을
가르치고 도와주셨기에
무한 감사의 탄성을 올립니다

이제는
답이 없다고 가슴 태우지 않고
언제나 측은히 지켜보고 계시며
최적의 선물을 손에 들고 계신 당신을
날마다 소리 높이 찬양하며
현재 주어진 당신의 일에
고분고분 땀 흘리겠습니다

무릎으로 피워 올린 감사꽃 200 송이

감사의 편지 11

신앙인이라면 누구나 당신의 음성을 신속하고 분명히 듣는 게 소원일 것입니다. 저 역시 소리치거나 눈물로 흐느끼며 기도한 후에는 당신에게서 신속한 응답이 들려오기를 간절히 바라곤 했지요. 하지만 당신의 응답은 기대보다 느릴 때가 많았고 정확히 판단하기가 쉽지 않았어요.

응답을 주시는 방법도 여러 가지로 다양했습니다. 성경이나 설교 말씀 이외에도 양심의 울림을 통해서나, 대자연의 무수한 현상들을 통해서나, 대화를 주고받는 가족이나 평범한 지인의 말을 통해서도 응답하시었어요.

그럼에도 미련하고 마음의 귀가 둔감한 저는 당신의 음성을 듣지 못해 애태울 때가 많았습니다. 하지만 시간이 흐르며 문제나 기도 제목이 해결된 후에 생각해보면, 당신이 적기에 놀라운 방법으로 응답해 주신 것을 깨닫게 됩니다.

이제는 기도의 응답이 빨리 오지 않는다고 가슴앓이하며 걱정하지 않고자 합니다. 당신은 언제나 변함없이 저를 사랑하시며 측은한 마음으로 세심하게 지켜보고 계신 것을 믿습니다. 그리고 지금도 저를 위해 일하고 계신 것을 믿습니다. 이미 주어진 당신의 사명에 최선을 다하며 당신이 나타내실 놀라운 섭리를 기대하겠습니다. 당신의 변함없는 사랑에 무한 감사를 드립니다!

기도의 은총

우주를 만드신 당신께서
수십 억 모래알 중 한 알에게
부모나 자식에게도 할 수 없는 하소연을
무시로 시시콜콜 칭얼댈 수 있는
특권을 주셨다니
믿을 수 없는 은총에 고개를 숙입니다

감사의 고백이 아닌
힘들고 답답한 넋두리라도
꾸짖거나 외면치 않으시고
넓은 품에 안아
따뜻한 손길로 토닥거려주시며

'구하라 그리하면 줄 것이요
육신의 부모도 떡을 달라는데
뱀을 주는 자가 없거늘
하물며 내가 좋은 것으로 주지 않겠느냐
구한 것은 받은 것으로 믿어라'

못된 빚쟁이라도 되듯이
온갖 요구의 독촉장을 수시로 내민 자가
날마다 죽기까지
값없이 주시는 이 은총을
그 어떤 말이나 행실로
갚을 수 있을까요

감사의 편지 12

70억이 넘는 인구 가운데, 보잘 것 없는 모래알 같은 제가 하는 기도를 우주를 창조하시고 다스리시는 당신이 귀담아 들어주신다는 것을 생각하면 놀랍고 감사할 뿐입니다.

당신이 베푸신 크신 은혜에도 불구하고, 감사의 기도보다는 힘들고 답답한 하소연을 할 때가 대부분이었습니다. 때로는 당신의 뜻에 합당하지 않은 제 욕심을 이뤄달라고 떼를 쓰고 칭얼대는 어린 아이와 같았지만, 당신은 꾸짖거나 외면치 않으시고 오래 참으시며 당신의 뜻을 깨닫기를 기다려 주시었지요.

삶에 지쳐 기도조차 드릴 힘을 잃었을 때는, 성경말씀이나 설교 말씀을 통해 위로하시며 기도할 용기를 북돋아주시곤 하셨습니다. 때로는 위급한 난관에 처했을 때, 기도조차 하지 않았는데도 괴롭고 당황한 제 마음을 꿰뚫어보시고 신속히 도와주시는 당신의 손길을 체험하였습니다.

사랑이 많으신 당신이여, 부족하고 미련한 저에게 당신이 마치 '빚쟁이' 라도 되듯이 늘 들어달라는 요구의 기도를 평생토록 할 수 있는 특권을 공짜로 주신 은총을 그 무엇으로 갚을 수 있을까요? 남은 인생 날마다 감사의 찬양만 드리게 하시옵소서!

아버지

미풍만 조금 스쳐도
흔들대며 바르르 떠는
이슬 같은 아이야

아버지라 불러다오
내가 너를 사랑한다
이 애비는 네가 어서 마음 문 열기를
불철주야 기다리고 있단다

너를 지키고 영원히 사랑을 나누기 위해
온몸이 찢기는 걸 보면서도
외마디 비명소리를 들으면서도
외아들을 십자가에 버렸단다

아버지가 있는 지도 모른 채
아버지를 찾으려 하지도 않은 채
세상의 번드레한 유혹만을 바라보는 자를
왜 그토록 사랑하시나요
왜 그토록 기다리시나요

만물을 만드시고 다스리시는
만왕의 왕, 아버지!
이제는 부르기만 해도
불효자의 가슴에
감사의 눈물이 흐릅니다

짧은 인생의 여정이지만
아버지의 사랑만을 비추는
영롱한 이슬이 되겠습니다

무릎으로 피워 올린 감사꽃 200 송이

감사의 편지 13

우주만물을 창조하시고 다스리시는, 영원한 왕이신 당신께서 잠시 왔다가 사라지는 아침 이슬처럼 하찮은 존재인 저에게 아버지라 부를 수 있는 특권을 주셨다는 게 지금도 믿어지지 않습니다. 더구나 지옥으로 갈 저의 생명을 구하려 당신의 독생자 아들을 사형 틀에 못 박혀 죽도록 허락하셨다는 게 도저히 믿어지지 않습니다.

그렇게도 저를 사랑하셨는데, 저는 당신의 존재조차 모른 채 세상의 유혹을 따라 가면서 눈앞의 유익과 안일만을 구하고 또 구했습니다. 원치 않는 병에 걸렸을 땐, 착하고 성실하게 살아가는 나에게 이런 일이 생긴 걸 보면 당신은 존재할 리가 없다고 분노하고 또 분노했었습니다.

이렇게 못된 저를 버리지 않으시고 구원의 은총을 베푸신 당신! 분노의 매를 드는 대신에 불철주야 마음 문 열기를 오랜 세월 기다려주셨다는 것을 생각하면 한없이 부끄러워 고개를 들 수조차 없습니다.

이제는 아버지의 이름만 불러도 불효자의 가슴에 눈물이 흐릅니다. 부족하고 철없는 자식이지만 당신께 늘 감사하며 당신의 사랑만을 나타내는 영롱한 이슬처럼 살도록 노력하겠습니다. 아버지! 사랑합니다! 감사합니다!

복음의 씨

돈의 씨, 명예의 씨를
오랜 세월 갈망했지만
당신은 복음의 씨를 주셨습니다

돈의 씨, 명예의 씨를
가진 자들은
이 세상 한 계절
화려한 꽃을 뽐내다가
모두 다 악취 나는 한줌 쓰레기

복음의 씨를 가진 자들은
이 세상 마지막 계절까지
단 한번 꽃 한 송이 피우지 못한다 해도
당신의 나라에서
반드시 피어날
영원히 시들지 않는 향기로운 꽃

당신 나라의
아름다운 꽃동산을 그려볼 때마다
기쁨과 감사의 박동으로
온 가슴이 두근거립니다

무릎으로 피워 올린 감사꽃 200 송이

감사의 편지 14

농촌의 가난한 가정에서 자란 저는 힘든 농사일을 하시며 항상 돈 때문에 시달리고 남들 앞에 흙투성이 모습의 아버지가 보기에 싫었습니다. 초등학교를 졸업할 무렵 중학생이 되는 꿈에 한창 부풀어 있을 때, 돈이 없어 중학교 입학을 포기하라고 하셨을 때는 가난한 집이 원망스러웠습니다.

교장 선생님의 추천으로 군(郡)에서 주는 3년 장학생이 되어 중학교에 간신히 입학을 하게 되었고, 25리 길을 걷기도 하고 때로는 버스도 타며 다녔습니다. 반드시 남들이 알아주는 명예로운 직업과 돈을 많이 버는 사람이 되겠다고 결심하며 힘겨운 우여곡절 끝에 도시에 있는 고등학교를 졸업, 대학까지 입학하여 공부에 전력투구를 하였습니다.

하지만 대학 2학년 때 갑작스런 질병으로 돈과 명예에 대한 꽃망울도 터뜨리기 전에 절망의 가슴앓이를 하였습니다. 그때 당신은 저를 찾아와 복음의 씨를 선물로 주시며 당신을 향해 따라 가는 인생의 행로를 가르쳐주셨습니다.

하지만 그 후에도 십 수 년, 돈과 명예에 대한 미련을 버리지 못하고 당신께 매달리며 당신이 이 땅에 보내신 목적을 묻고 또 물었습니다. 10여 년 만에 저에게 복음의 씨를 주신 의미를 분명히 깨달은 후에야, 한 때 달콤한 사탕 같은 맛을 조금 주다가 갑자기 바람처럼 배신자로 떠날 돈과 명예 대신, 당신의 나라에서 영원히 시들지 않는 꽃으로 피어날 복음의 씨를 주신 당신의 깊은 사랑 견딜 수 없어, 날마다 둔자의 서툰 솜씨로 감사의 글을 눈물로 씁니다.

말씀의 네비게이션

목적지가 어딘지
방향 감각을 잃고
험난한 언덕길을
불안과 걱정의 소음을 내뿜으며
이리 저리 운전대를
돌리고 있는 자에게

목표 지점과
나아갈 방향을
수시로 정확히 보여주고
길을 바꿔야 하거나
위험한 장소가 나타나면
몇 번씩 경고의 음성을 들려주지요

오르막길을 오르지 못해
진땀을 흘리며 두려워 할 때나
내리막길을 과속으로 달리며
건방진 콧노래를 부를 때도

기도의 호흡 가다듬으며
시시한 지시어(指示語)에도 귀를 세우고
뜨거운 믿음의 심장으로
끝까지 달리라고
언제나 동행하며 격려하시니
감사의 경적을 울립니다

당신이 없는 인생은
캄캄한 밤중
길 없는 절벽 길을
홀로 달리는 것,
욕심의 눈동자에 비치는
신기루를 좇아
이리저리 헤매는 비극입니다

무릎으로 피워 올린 감사꽃 200 송이

감사의 편지 15

달리는 자동차가 목적지도 모르고 네비게이션도 없다면 어떨까요? 당신을 알지 못할 때의 삶이 그와 같았습니다. 왜 사는지 무엇을 위해 살아야 하는지도 모른 채, 날마다 근심과 불안 속에서 저만의 성공과 쾌락의 욕망을 따라 이리저리 운전대를 돌리는 격이었지요.

운전을 해보면 목적지에 대한 지리를 아는 것이 얼마나 중요한지 알게 됩니다. 요즘은 네비게이션을 장착해서 얼마나 편리한지 모릅니다. 친절한 음성으로 나아가야 할 길과 방향은 물론 주의해야 할 사항까지 일일이 안내해주니까요. 따라서 모르는 목적지도 편안하고 즐거운 마음으로 여행을 한답니다.

미지의 험난한 인생길을 가는데 있어서, 당신의 말씀은 마치 자동차의 네비게이션과도 비슷하지요. 인생의 목적을 몰라 답답하고 괴로워하던 저에게 성경은 인생의 목적이 당신의 영광을 위해 사는 것이라고 명쾌하게 제시하고 있더라고요. 그밖에 모든 인생의 궁금증과 주의사항을 자세히 설명하고 있어서 얼마나 감사한지요.

게다가 기도할 때마다 삶의 다양하고 복잡한 문제들에 대한 응답을 무시로 들려주시고 날마다 동행해주시며 위로하시고 인도해주시니, 자동차의 네비게이션과는 비교도 안 되게 사랑의 음성으로 인도하시는 당신께 감사할 뿐입니다. 이제 당신이 동행하지 않는 인생길은 상상할 수도 없습니다! 전능하신 사랑의 동반자! 생각만 해도 감격입니다.

당신의 이름

위험할 때나 괴로울 때나
부모의 이름보다
먼저 부르는 당신의 이름

날마다 불러도
또 부르고 싶고
부를 수밖에 없는
당신의 이름

우주만물의 왕이신
당신의 이름을
감히 아버지라 부를 수 있는
특권을 주셨으니

평생토록
감사를 노래해도
다 못할 것입니다

늘 사랑의 은총을
햇살처럼 비춰주시고
아기처럼 돌보아주시며
축복의 길로 인도해주시는 아버지여,

당신의 이름을
사랑과 축복의 빛깔로 반사하는
투명한 거울이게 하소서

무릎으로 피워 올린 감사꽃 200 송이

감사의 기도 16

대다수의 사람들은 갑자기 다급한 위험에 처하게 되면 육신의 '엄마' 나 '아버지' 를 부르지만, 당신께서 거듭남의 은총을 베풀어주신 사람들은 '주여' 를 부릅니다. 저도 어린 시절엔 시도 때도 없이 '엄마' 를 불렀었는데, 당신이 자녀로 삼아주신 후로는 기쁠 때나 슬플 때나 위급할 때나 하루에도 수십 번씩 '주여' 또는 '아버지' 를 부른답니다.

우주만물을 창조하시고, 태초부터 지금까지 만물의 생사화복을 주관하시는 당신! 죽어서 지옥으로 갈 수밖에 없는 죄인에게 영원히 천국에서 살 수 있는 특권을 주시고, 과거도 현재도, 미래도 영원히 함께 하시고 무조건적인 한없는 사랑을 공기처럼, 물처럼, 햇살처럼 늘 베풀어주시는 당신! 게다가 늘 함께 하시고 돌보시며 축복의 길로 인도해주시는 당신을 아버지라 부를 수 있도록 기꺼이 허락해주신 당신을 무슨 말이나 노래로 감사하리오!

철없는 아이처럼 칭얼대며 감사할 줄도 모르고 막무가내로 달라고만 보채도, 언제나 찡찡대는 목소리도 기뻐하시며, '육신의 아버지가 떡을 달라는데 뱀을 줄 자가 없거늘 하물며 하늘에 계신 아버지께서 좋은 것으로 주지 않겠느냐' 고 말씀하시는 당신! 늘 당신의 자녀답게 아버지의 거룩한 성품의 빛을 반사하는 투명한 거울처럼 아버지와 이웃을 전심으로 섬기는 자가 되게 하소서!

양심

나쁜 짓을 생각만 해도
곧 바로 그 신호가
야릇한 통증으로
찌르는 곳

선한 것과 악한 것을
재빨리 저울질하여
그 때 그 때
적당한 신호를 보내
마음을 평안의 강물로 만들거나
불안의 파도로 일렁이게 하는
가슴속 은밀한 통신소

선한 길을
스스로 택할 수 있도록
만인의 가슴에
이 통신소를 세워 놓으신
당신의 오묘한 사랑에
놀라고 감사할 뿐입니다

특별히 당신의 음성을
잘 수신할 수 있도록
늘 안테나를
기도의 눈물로 청소하게 하소서

무릎으로 피워 올린 감사꽃 200 송이

감사의 편지 17

취학 전의 어린아이들도 선한 것과 악한 것을 판단하여 분명한 답을 하는 걸 보면 신기할 때가 있습니다. 어떤 노인은 어린 시절 남의 돈을 훔친 것이 평생 양심에 걸렸다고 하며 그 액수의 몇 배를 기부금으로 내놓는 것을 방송으로 보았습니다. 잔악한 살인자도 사형 집행을 앞두고 피해자에게 눈물로 반성하며 진심으로 용서를 빌기도 합니다.

저의 경우도 마찬가지입니다. 도로에서 신호등을 위반하고 무단 횡단을 할 때면 가슴이 두근거리며 주변에 경찰이 있나 무의식적으로 살펴보게 됩니다. 만인의 가슴에 선과 악을 판단할 수 있는 양심의 통신소를 선물로 주셔서 스스로 선한 것을 선택하게 하시고 세상의 도덕적인 질서를 지킬 수 있게 만드신 당신의 오묘한 사랑과 지혜에 감탄을 금치 못합니다.

현대에는 물질만능주의가 세상을 지배하면서 돈의 유혹을 뿌리치지 못하고 양심의 통신소가 마비된 사람들이 많아 흉악한 범죄가 만연하는 세상인데, 양심이란 통신소 자체가 없다면, 이기적인 인간들의 세상이 어찌 되었을까 생각만 해도 끔찍합니다.

죄로 오염될 인간의 특성을 미리 다 아시고 만인의 가슴에 양심의 통신소를 세워주셔서, 악한 자들은 걱정과 두려움에 휩싸이게 하시고 선한 자들은 평안을 누릴 수 있게 하신 당신께 감사를 드립니다. 늘 양심의 안테나를 기도의 눈물로 깨끗이 닦게 하셔서 당신의 음성을 예민하게 수신하게 하소서!

주일

한 주를 시작하는 첫 날
엿새 동안
온갖 세상의 때와 허물로
더러워진 자를

안아주시고
씻어주시며
지치고 맥 빠진 온몸의
실핏줄 구석구석까지
기쁨, 소망, 의욕의 에너지를
가득 가득
공짜로 주유해 주시건만

나이든 철부지는
날이 갈수록
감사의 맥박수가 줄어들고
당연한 권리처럼
뻔뻔하게 주유를 받습니다

6일 내내
가슴 설레며
당신과 데이트하는 날을
손꼽아 기다리던
때 묻지 않은 첫 만남의
기쁨과 감사의 맥박을
되살려주소서

무릎으로 피워 올린 감사꽃 200 송이

감사의 편지 18

당신과 교제한 지도 수십 년, 이제는 당신 없이는 살 수 없다고 느끼면서도 때때로 아무런 감흥 없이 당신과 만나는 데이트 장소에 나갈 때가 있습니다. 어느 때는 피곤하거나 아프다는 핑계를 대고 집에서 건방진 자세로 앉아 TV에서 나오는 당신의 음성을 듣기도 합니다. 이 세상에서 가장 사랑하는 당신과 데이트를 하는 특별한 날인데 왜 가슴이 뛰지도 않고 무덤덤할 수 있을까요?

이성 간에 애인을 만나도 이런 태도를 수시로 보이면 절교 선언을 들을 것입니다. 그럼에도 당신은 만날 때마다 늘 반겨주시고 세상 속에서 느껴보지 못한 신선한 기쁨과 소망과 용기의 에너지를 온몸 가득 주유해주십니다. 뻔뻔한 철부지는 회개와 감사의 눈물 한 방울 흘리지 않고도 당연한 권리처럼 주유를 받고는 무척이나 바쁜 사람처럼 당신과의 데이트를 서둘러 끝내기도 하지요.

어느 날은 데이트를 하는 중에 졸기도 하고, 어느 날은 데이트를 마친 후 30분도 채 지나지 않아 당신이 들려주신 뜨거운 열정의 말씀이 전혀 기억나지 않기도 합니다. 그렇다고 자주 그러는 건 아니니까 너무 속상해하진 말아주세요!

당신을 처음 만나고 몇 달 간은 어두운 제 인생에 찬란한 태양이 떠오른 것 같아 가슴 벅차는 기쁨으로 데이트하는 날을 손꼽아 기다리며 당신이 주신 사랑의 편지, 성경을 날마다 가슴 설레며 보았었지요. 그 때의 순수한 사랑과 감사의 감격을 언제나 유지할 수 있도록 당신의 자비로운 손길로 연약한 영혼의 손을 꼭 붙잡아주세요!

제 2 부   사랑의 선물

부모

생각의 그림자만
조금 스쳐도
이유도 없이
뜨거운 눈물이 가슴을 타고
찌르르 흐르게 하는 이들

언제나
측은한 눈빛으로 바라보시고
나이가 들어도 아이처럼
쓰다듬고 안아주시며
뭔가를 더 해주지 못해
눈물을 글썽이는 이들은
당신이 핏줄로 이어주신
사랑의 천사들

오랜 세월
받기만 하는 중독증 때문인지
나이가 들어도
손 벌리며 칭얼대는 철부지는
가슴속 깊은 곳에
대못까지 박습니다

때때로 귀찮았던
잔소리꾼 천사들이
어느 날 갑자기 날아간 뒤에
그간의 지은 죄가 눈앞을 가리고
아무것도 못 해준 게 가슴을 찔러
땅을 치며 울지 말게 하시고

수시로 감사의 편지와 웃음 꽃다발로
가슴속 대못을 녹여드리며
환한 미소의 숨결로 얼싸 안도록
늦잠 자는 철부지 가슴을 깨워주시고
날마다 당신을 닮은 천사들께
따뜻한 위로의 옷을
당신이 손수 입혀주소서

무릎으로 피워 올린 감사꽃 200 송이

감사의 편지 19

아무리 무서운 범죄자를 자식으로 둔 부모도 만인의 비웃음과 비난 앞에 자식을 잘못 키운 부모를 대신 벌해달라며 무릎을 꿇고 눈물로 용서를 구하는 이들! 아무리 잘난 자식을 두었어도 눈을 감고 세상을 떠나는 순간까지 60대 자식조차 어린 아이처럼 '밥은 먹고 다니니? 차 조심해라. 아픈 데는 없니?' 하면서 안타까운 시선을 떼지 못하는 이들!

아플 때는 밤을 꼬박 지새우며 챙겨주시고, 사춘기 때 말썽을 피우거나 반항을 하며 가슴에 수없이 많은 대못을 박아도 피눈물을 쏟으면서도 끝까지 포기하지 않고 사랑의 손길로 붙잡아주시는 이들! 대학입시 때면 아무리 추운 엄동설한일지라도 시험장에 들어갈 때부터 나올 때까지 교문 앞을 떠나지 못하고 발을 동동 구르며 기도를 하는 이들!

이들이 베푸는 사랑을 어찌 일일이 나열할 수 있을까요? 자식이 아무리 효자라 해도 어찌 이들의 깊고 넓은 사랑을 다 헤아릴 수 있을까요? 이들은 분명 험한 세상을 이기도록 당신께서 사랑의 핏줄로 매어주신 천사들입니다!

저도 이들의 생각만 스쳐도 한없이 받은 사랑과 불효를 일일이 열거할 수 없는 죄인 중의 죄인이기에 돌이킬 수 없는 세월을 아쉬워하며 그리움의 눈물만 흘릴 뿐입니다. 아직도 이들의 사랑을 짜증나는 잔소리로 듣는 철부지들이 있다면, 그것이 얼마나 크나 큰 축복인지 하루빨리 깨닫게 해주시고 떠난 뒤에 후회의 피눈물을 흘리지 않도록 못 다한 효도를 하게 하소서! 고귀한 천사를 보내주신 당신과 당신을 닮은 부모님! 무한 감사드립니다!

배우자

비바람, 천둥 번개, 눈보라가
수시로 몰아치는
굽이굽이 험난한
산 너머 산

혼자서 오르기에는
외롭고 지루하고 힘든 길을
희망찬 낭만의 꿈을 같이 꾸며
사랑의 심장으로 끌어주고 밀어주는
행복의 길동무

때로는 상대로 인해
피눈물을 흘려도
한 푼의 대가도 바라지 않고
피땀으로 모든 것을 쏟아 붓는
그런 선물이 이 세상에 또 있을까요

숭고한 선물을 주신 당신과
길동무의 기쁨을 위해
향기 짙은 감사의 꽃송이를
날마다 영원토록
진실한 심장으로 피우게 하소서

무릎으로 피워 올린 감사꽃 200 송이

감사의 편지 20

일부 사람들은 자신의 배우자를 한때 이성(理性)을 눈멀게 하는 콩깍지가 씌워져 잘못된 선택을 했다고 후회하며 '저 웬수. 내가 눈이 삐었지.' 하며 아옹다옹 살아갑니다. 또 다른 일부 사람들은 살아갈수록 드러나는 배우자의 단점들을 남들의 배우자와 비교하며 불평과 비난의 칼로 상대방의 심장을 찔러대다 이혼을 하기도 합니다.

저의 인생길도 되돌아보면, 평탄한 꽃길보다 험난한 고갯길이 많이 있었지만 동행하는 아내가 있었기에 외로움도 슬픔도 거의 모른 채 희망찬 미래를 함께 꿈꾸며 소중한 고락의 추억을 만들어 가고 있습니다. 화를 참지 못하고 거친 말을 쏟아 부으며 다툴 때도 많았지만, 모든 걸 인내하고 희생하는 아내 덕분에 오늘의 제가 있다는 걸 흰 머리가 하나 둘 나오는 오늘에 이르러서야 깨닫습니다.

최근에 갑자기 사물이 이중으로 보이는 복시로, 아내의 손에 의지한 채 이병원 저 병원을 다니면서 당신이 주신 귀한 선물의 감사함을 절감하게 되었습니다. 오랜 세월 연약한 몸으로 직장을 다니며 기도의 눈물을 쏟아 부어 불모지 같은 저의 가슴에서 석사, 박사, 작가의 꽃을 피워낸 아내와 길동무의 선물을 주신 당신께 날마다 감사의 꽃을 피우며 살게 하소서!

자녀

바람만 조금 차게 스쳐도
눈발이 조금만 굵어져도
천방지축 아이가 눈앞에 어른거려
가슴이 벌렁대며
기도가 줄줄 터져 나옵니다

화를 내고 대들 땐
가슴이 용광로 되어
부글부글 끓다가도
축 쳐진 어깨를 보면
싸한 찬바람이 갑자기 휘몰아쳐
눈물이 핑그르르 돕니다

가끔은 무자식이 상팔자라
입술로 떠벌리면서도
며칠만 목소리를 못 들으면
그리움에 사무쳐
잠 못 듭니다

금방 울게도 하고
금방 웃게도 만드는
귀여운 애물단지, 당신의 선물은
힘들고 지루한 인생길에
희로애락의 짙은 향기를 뿌려주는
사랑스런 꽃입니다

그 어떤 보물과 바꿀 수도 없고
죽음조차 잊게 못하는 꽃에게
오늘 하루도
당신의 은총을
눈처럼 수북수북 부어달라고
당신의 철없는 애물단지가
사연을 띄웁니다

무릎으로 피워 올린 감사꽃 200 송이

감사의 편지 21

　결혼 선물로 당신이 내려주신 최고의 감격적인 보물! 해맑은 눈동자의 미소는 어떤 무겁거나 가슴 아픈 삶의 고통도 잊게 하고 치료해주는 묘약! 엄마의 가슴에 안겨 젖을 먹는 모습도, 새근새근 잠을 자는 모습도, 엉금엉금 기거나 기우뚱대고 걷는 모습도 그 어떤 것으로도 흉내 낼 수 없는 앙증맞은 사랑스런 천사!

　하지만 세월이 흘러가며 당신의 선물은 기쁨과 행복만을 주던 천사의 탈을 서서히 벗으며 꿈과 기대로 가득 찬 가슴에 수시로 근심과 실망의 파도를 일으키기도 하고, 분노로 피가 거꾸로 솟구치게도 하는 애물단지가 되기도 갑니다.

　저에게도 아들을 선물로 주셨습니다. 교육자가 직업인 저는 누구보다 아이를 훌륭하게 키울 거라는 기대감에 부풀어 수시로 잔소리를 해가며 양육을 했지만 사춘기가 되면서부터 대학에 입학하기까지 욕심의 두 손 두 발을 들고 기대치를 영으로 낮추며 당신 앞에 무릎을 꿇고야 말았습니다. 아내도 당신의 뜻을 모르겠다며 수없는 기도의 눈물을 흘렸습니다.

　결국 홀로 중국으로 유학을 갔을 때, 당신께서 놀랍도록 아들을 변화시켰습니다. 며칠 못 있고 돌아올 것 같았던 아들이 무난히 졸업을 하고 귀국해서 절까지 했을 땐 딴 영혼이 들어간 것 같은 착각을 하였습니다. 아들로 인해 수많은 가슴앓이를 하며, 저도 젊은 시절 불순종으로 당신의 애간장을 녹인 애물단지였다는 것을 깨닫고 당신이 오래 참고 베푸신 사랑과 은혜에 깊은 감사를 드립니다! 오늘도 당신의 선물을 맡기오니 풍성한 은총을 부어주소서!

오늘

오늘의 태양을
어제의 태양처럼
무심히 바라보며
온갖 염려의 끈에 붙잡혀
온종일 헐레벌떡 끌려 다니던 자에게

당신은
오늘의 태양이
밤새도록 생사의 갈림길을
뜬눈으로 헤매던 이들이
그토록 보고 싶어 하던 애절한 소원임을
가슴 깊이 듣게 하셨고

어제의 무거운 짐을 끌어안고
희망의 그림자도 안 보이는
내일의 태양을 향해
마지못해 함께 가야하는 애물이 아니라
새로운 소망의 꿈을
찬란한 빛깔의 수레로 실어다 주는
당신의 고귀한 선물임을
가슴 깊이 듣게 하셨습니다

이제는
감사의 기도와 찬양으로
희망찬 빛 수레를
오늘만의 소중한 선물로 맞이하며
펄펄 끓는 심장의 피로
감사의 향기만을 내뿜는
당신의 산제물이 되겠습니다

감사의 기도 22

신년이 되면 많은 사람들은 떠오르는 해를 감격적으로 맞이하려고 먼 길을 떠나 밤을 지새우며 설레는 가슴으로 떠오르는 순간을 포착하여 소원을 빕니다. 그러나 평소에는 떠오르는 태양을 무심코 지나치며 아무런 감격도 느끼지 못하고 아무런 의미도 부여하지 않습니다.

저도 다른 사람들과 다름없이 날마다 떠오르는 태양을 당신이 베푸시는 소중한 사랑의 선물이라는 생각을 하며 감격적으로 맞이하거나 감사하지도 않은 채 무감각하게 하루하루의 태양을 맞이한 어리석은 둔자였습니다.

병원의 중환자실에서 심각한 고통 중에 있는 환자들은 오늘 하루가 일생의 운명을 갈라놓을 수 있는 생애 최대의 소중한 날이기도 하고, 만삭의 산모들에게는 오늘 하루가 열 달 동안 참고 기다리던 새로운 아기를 만나는 감격적인 날이 되기도 합니다.

아름답고 찬란하게 솟아오르는 태양이 당신의 특별한 사랑과 은혜의 빛수레로 새날의 희망과 의미를 실어다주시는 일평생 다시는 돌아오지 않는 오늘만의 고귀한 선물임을 수십 년의 선물을 받고 난 오늘에야 감사를 드립니다. 당신이 원하시는 소중한 뜻을 따라 감사의 향기만을 내뿜는 나날이 되게 하소서!

꿈을 꾸게 하시니

오늘도 달라진 현실이 보이지 않고
치열한 경쟁의 길에 뒤쳐져 갈지라도
당신께서 이 땅에 보내신
위대한 목적과 계획이 설계되어 있다고
가슴으로 소리치고 또 소리치며
꿈을 꾸게 하시니 감사합니다

미련하고 부족한 자를 골라서
세상의 지혜로운 자들을
부끄럽게 하시겠다는 당신의 말씀을
항상 되새김질하며
꿈을 꾸게 하소서

타국에 종으로 팔려가서
감옥살이를 하면서도
꿈을 버리지 않았던 요셉이
나라의 총리대신이 된 것을
항상 되새김질하며
꿈을 꾸게 하소서

무릎으로 피워 올린 감사꽃 200 송이

60

감사의 편지 23

미국의 베스트셀러 작가, 릭 워렌 목사는 인간의 삶의 목적이 인간이 상상하는 가장 무모한 꿈이나 야망보다도 훨씬 더 위대하도록 당신이 만드셨다고 말씀하십니다. 하지만 당신을 떠난 자의 꿈의 성취는 아무리 훌륭해도 결국 실패의 길에 이르게 된다고 하시며, 인간은 당신의 목적에 의해서 그리고 당신의 목적을 위해서 설계되었다고 강조하십니다.

주어진 현실을 바라볼 때마다, 저는 지극히 나약하고 평범한 사람이라고 생각되기도 하지만 전능하신 당신이 위대한 목적으로 저를 만드시고 항상 사랑하며 도우시고 있다고 굳게 믿으며 희망찬 꿈을 꿉니다.

모든 것의 우열을 비교하며 상대 평가하는 세상의 가치관에 지배받는 많은 사람들은 치열한 경쟁 사회에서 열등감과 패배감에 사로잡혀 우울하게 인생을 살아가지만, 저는 당신이 각 사람을 서로 다른 개성과 재능을 가진 잠재적인 천재로 만들었다고 확신합니다. 그래서 세상의 가치관으로 볼 때 아무리 형편없이 보이는 자도 당신의 목적을 추구하며 따라가면 자신만을 신뢰하며 이기적인 성공을 추구하는 자들보다 훨씬 더 멋지고 아름답게 살수 있다고 확신합니다.

자본주의의 잣대로 성공을 판단하는 현실사회에 살며 아무리 초라하게 보일지라도, 종으로 팔려가서 억울한 누명을 쓰고 감옥살이를 하면서도 당신이 주신 꿈을 포기하지 않고 끝까지 당신을 신뢰한 요셉이 나라의 총리가되어 자신을 미워하고 팔아먹은 형제들까지 용서하고 도와준 것을 생각하며, 항상 당신만을 신뢰하며 살게 하소서!

24 시간

강자와 약자,
있는 자와 없는 자,
우열과 불공평의 높낮이가 적지 않아
세상의 공기는
온갖 불협화음으로 요란하지만

그 누구에게도
스물 네 시간의 선물을
골고루 나눠주신
당신의 크신 자비의 손길에
감사의 박수를 올립니다

공기처럼 물처럼
날마다 흘러오는 선물이지만
무가치한 소모품처럼
낭비하지 말게 하시고
당신의 목적과 영광을 위해
금처럼 사용하게 하소서

매순간이
다시는 돌아오지 않는
인생의 마지막 선물이라는 생각으로
후회 없는 삶의 경주(競走)를 위해
뜨거운 열정의 피를
아낌없이 불태우게 하소서

무릎으로 피워 올린 감사꽃 200 송이

감사의 편지 24

주변에 있는 사람들과 대화를 나눠보면 거의 대부분이 하루가 바쁘다고 합니다. 심지어 초등학교 학생들에게 물어봐도 학교와 영어, 태권도, 피아노 학원들에 다니느라 너무너무 바쁘다고 하며 시간이 없다고 합니다. 게임방에 가보면 꿈 많은 나이의 청소년들이 유해한 오락을 즐기느라 정신없이 시간을 죽이고 있습니다.

에베레스트 산과 같은 고산지대에 가본 자들만이 공기의 소중함을 깨닫고, 사막지대를 여행해 본 자들만이 물의 소중함을 깨닫듯이, 생사의 분초를 다투는 중환자실의 환자들처럼 시간의 소중함을 깨닫는 사람들은 별로 없는 것 같습니다.

대다수의 사람들이 이렇게 어리석은 자들이지만 당신은 지위 고하, 선악을 따지지 않고 모든 사람에게 24시간을 날마다 선물로 베푸시니 당신의 사랑은 얼마나 크신 건가요? 저도 40대까지는 시간의 선물에 가슴 깊이 감사의 기도 한번 드리지 못한 채, 저의 야망과 쾌락을 위해 대부분의 시간을 일상의 소모품처럼 사용한 어리석고 이기적인 죄인이었습니다.

때늦은 철부지이지만, 매순간이 다시는 돌아오지 않는 당신의 마지막 사랑의 선물이라는 것을 날마다 감사하며 당신이 저에게 원하시는 위대한 목적과 영광을 위해 금처럼 값있게, 캄캄한 밤하늘에 터지는 불꽃처럼 아름답게 당신의 선물을 불태우게 하소서!

사명의 깃대

그럴듯해 보이는
돈이나 명예의 깃대를 쫓아
이리저리 방황하던 자에게

아무런 잘못도 없이
못 박히고
채찍과 돌팔매를 맞으면서도

온몸의 뜨거운 혈서로
이 땅에 사는
분명한 목표와 이유를
말씀해주시고
사명의 깃대까지
선물로 주신 당신께
뜨거운 감사의 눈물을 올립니다

때로는
많은 이들이 쫓아가는
화려하고 즐겁게 펄럭이는 깃발에
눈길이 쏠려
발길이 머뭇거릴지라도

뜨거운 혈서로 말씀하시는
당신만을 바라보며
쉼 없이 사명의 깃대를
쫓아가게 하소서

감사의 편지 25

십자가에서 뜨거운 핏방울을 마치 혈서처럼 쏟으시며 참된 인생의 의미와 사명을 가르쳐주신 당신!

머리와 입술로는 당신의 뜻과 사명을 먼저 구하는 자가 되어야 한다고 오랜 세월 되뇌면서도 가슴으로는 늘 세속적인 저의 욕망을 먼저 구하며 눈앞의 다급한 욕구를 해결하지 못해 안달하고 염려하며 살아온 날들이 많은 가증스러운 죄인입니다.

이 어리석은 자는 얼마나 더 살아야 세상의 온갖 욕심을 하찮게 바라보며 당당히 내려놓고 당신의 뜻과 사명을 앞세우는 사람이 될 수 있을까요? 편안한 삶이 보장된 조국을 버리고 가난과 질병에 죽어가는 아프리카 사람들을 살리려고 전 인생을 바친 슈바이처나 사자에게 어깨를 물어뜯기면서도 '사명이 있는 자는 결코 죽지 않는다' 며 조국으로 돌아가 편안한 여생을 보낼 것을 거부한 리빙스턴 같은 사람들은 얼마나 큰 믿음으로 위대한 사명감을 실천할 수 있었을까요?

여전히 육적인 관점을 버리지 못한 채 세상의 유혹에 흔들리지 말게 하시고 확고한 영적인 관점으로 당신의 뜻과 사명의 깃대만을 바라보며 꿋꿋하게 쫓아가는 믿음의 거북이라도 되게 하여 주시옵소서!

평안

거친 비바람
수시로 불어와도
언제나 든든한 날개로
온몸을 감싸주시고
따스한 깃털로
포근히 품어주시니

당신이 주는 평안의 심장은
세상의 그 어떤 보물이
잠시 안겨주는 평안과는
아늑함의 깊이와 넓이가 다릅니다

때때로 고난의 폭풍이 몰아쳐도
당신의 든든한 날개와 따스한 깃털로
막아줄 것을 확신하며
심장의 피가 뜨겁거나 차갑게
요동치지 않게 하소서

어미 독수리처럼 품어주시는
당신의 날개와 깃털을
언제나 감사의 맥박으로 찬양하며
타인의 심장과도
평안의 선물을 나누게 하소서

무릎으로 피워 올린 감사꽃 200 송이

감사의 편지 26

당신이 베푸시는 평안을 어찌 독수리의 새끼 사랑에 비할 수 있으리오. 세상의 그 어떤 존재가 주는 평안에 비할 길 없어 비바람과 폭풍이 몰아치는 악조건에서도 크고 강한 날개와 따스한 깃털로 알을 품고 보호하는 하늘의 맹수 독수리에 비유한 우둔한 자를 용서하여 주소서.

수십 년 인생을 살아보니, 건강, 사랑, 명예, 돈, 세상이 주는 그 어떤 평안도 잠시 바람처럼 왔다 사라지고 맙니다. 지금까지 살아온 제 삶의 대부분은 평안을 누리는 시간보다 걱정, 불안, 두려움이 비할 수 없이 많았던 것 같습니다.

나약한 인간이 복잡하고 문제 많은 물질만능 자본주의 경쟁사회를 살아가면서 그 누군들 날마다 평안만을 만끽하며 살아간다고 자부할 수 있을까요? 그럼에도 대다수의 사람들은 신기루 같은 평안을 막연히 기대하며 수시로 몰아치는 고난의 비바람을 힘겹게 헤쳐 가느라 정신없이 바쁘게 안간힘을 쓰고 있습니다.

그런데 당신은 무슨 이유로 특별한 은총으로 어리석고 이기적인 저를 만나주시고 날마다 동행하고 돌보시며 세상의 그 어떤 권력자나 부자도 소유할수 없는 호수같이 깊고 넓은 평안을 누리게 하시나요. 이제는 세상의 그 어떤 폭풍도, 불가피한 죽음의 협박조차도 당신이 주시는 깊고 황홀한 평안을 빼앗지 못할 것이라 확신합니다. 아직도 이 놀라운 평안을 모르는 자들에게 당신의 고귀한 선물을 고동치는 감사의 맥박으로 나누게 하소서!

예배

온갖 교만과 위선이
따개비처럼 붙어있는
오물 같은 영이
우주만물의 왕이신 당신께
만남의 초청을 받다니
그 무엇으로 감사를 표할 수 있을까요

당신을 대면하기 전에
뜨거운 눈물로
교만과 위선의 따개비부터
모두 떨어버리고
정결한 빈 그릇으로
새로운 은혜를 담을
준비를 하게 하소서

죄로 곪은 환부가 있다면
당신의 말씀으로
말끔히 도려내시고
실패와 좌절의 쓰라린 피멍은
당신의 따스한 손으로
어루만져 주셔서
새로운 기쁨과 소망의 피가
고동치게 하소서

제 영이 당신의 영과
온전히 하나 되어
당신의 은혜와 능력이
빈 그릇에 흘러넘치는
평생 잊을 수 없는
감격의 만남이 되게 하소서

무릎으로 피워 올린 감사꽃 200 송이

감사의 편지 27

몇 십 년째 당신을 믿는다 하면서도 교만과 위선을 교묘히 감추는 거룩한 탈을 쓰는 기술만 늘어가는 가증한 죄인의 무거운 죄 짐을 자비의 손길로 받아주시며 기쁨으로 맞이해주시니 당신께 감사의 고개를 숙일 뿐입니다. 형편없는 죄인의 예배를 십자가에서 저의 죄 짐을 지시고 저 대신 제물이 되어 죽으신 크나 큰 사랑으로 받아주소서!

새로운 은혜의 선물 보따리를 받기 전에 마음의 그릇에 남아 있는 세속적인 욕망과 죄의 찌꺼기부터 회개의 눈물로 씻게 하시고 당신의 새로운 은혜를 간절히 사모하는 청결한 빈 그릇을 준비하게 하소서! 죄로 가득한 더러운 그릇을 씻지도 않은 채 의무감이나 습관으로 예배에 참여해서 당신의 임재도 은혜도 체험하지 못하는 영적으로 둔감하고 어리석은 자가 되지 않게 하소서!

온갖 세속적 욕망의 근심과 상처로 병든 환부는 능력의 손으로 치료해주시고 힘없고 지친 마음의 그릇은 새로운 은혜의 말씀으로 채워주셔서 기쁨과 감사의 활력이 분수처럼 솟구치게 하여주시고 영적인 시력의 도수를 높여주셔서 당신의 임재를 감격적으로 체험하게 하여 주소서!

복음방송

버튼 한두 번이면
혼자 있는 방으로
유명한 목사님을 초대하여
당신의 말씀을 듣거나
유명한 성악가를 초대하여
은혜로운 노래를 듣습니다

몸이나 마음이 몹시 쓰리거나
믿음의 기력이 떨어져
삶의 의욕이 사경을 헤맬 때는
죽을 고비를 몇 번씩 이겨낸
믿음의 용사를 초대하여
살아있는 당신을
생생하게 만납니다

아무 때나 어디라도
연약하거나 병든 자의 심령을
빛의 속도로 달려가
말씀의 불길로 치료하시고
노래의 물결로 어루만지시며
믿음의 영양제를
가득 가득 투여해주시니
당신의 놀라운 사랑의 기술에
탄성을 지를 뿐입니다

무릎으로 피워 올린 감사꽃 200 송이

감사의 편지 28

시대에 따라 당신의 말씀을 전달하시는 방법도 다양하게 변화하는 것 같습니다. 어려서는 목회자들의 직접적인 설교나 라디오를 통해 말씀을 들었지요. 하지만 요즘엔 그러한 방법들뿐만 아니라 TV나 스마트폰, 컴퓨터 동영상을 통해서도 당신의 말씀을 들을 수 있습니다. 특히 인터넷으로는 24시간 아무 때나 세계 유명 목회자들을 통해 당신의 말씀을 들을 수 있습니다.

특히 외출을 할 수 없는 장애인들이나 환자들에게는 그것이 얼마나 큰 은혜이고 축복인지요. 얼마 전 갑자기 사물이 이중으로 보이는 복시로 외출도 못 하고 20일 정도 방안에 갇혀 지내며 육적, 영적인 기력이 탈진되어 갈 때, TV로 중도 실명 시각장애인의 뼈아픈 눈물의 간증을 보고 들으며 크나큰 용기를 얻었습니다. 일시적으로 사물이 이중으로 보이는 것은 평생 아무것도 볼 수 없는 그에 비하면 행복한 고민이고 사치라는 생각이 들었습니다.

그 분의 간증을 듣고 난 후, 살아계신 당신은 저의 모든 형편을 다 아시고 적기에 절묘한 방법으로 위로하고 힘주시며 늘 사랑의 눈으로 지켜보고 계시다는 것을 다시 한 번 확신하게 되었습니다. 영적인 복을 더 주시기 위해 수시로 고통의 훈련까지 시키시는 당신에 대한 사랑, 신뢰 지수를 높여주시니 감사드립니다. 요즘엔 복음방송을 생활화하며 말씀, 간증, 찬양 등으로 지어주시는 영적 보약을 날마다 받아먹고 있습니다.

눈을 뜨며 솟구치는 감격

지난밤도
세포마다 핏줄마다
평안과 치유의 광선을 가득 채우시고
어머니보다 따뜻한 손길로
온몸과 영혼,
속눈썹 하나까지도 지켜주셨으니
무한 감사의 향을 올립니다

지난밤도
전국 방방곡곡의 중환자실에서는
견디기 힘든 통증으로
온밤을 지새운 자들,
세상을 하직한 자들이 부지기수인데
제가 당신께 무엇이라고
따뜻한 방안에서
왕자처럼 편안히 쉬는 복을 주셨는지요

보잘 것 없는 저에게
특별한 선물로 소중한 새날 주신 당신께
기쁨과 감사로 찬양하는 하루를 드리기 원하오니
당신의 선하신 손길로
영혼과 입술, 손과 발을 붙잡아 주시옵소서

무릎으로 피워 올린 감사꽃 200 송이

감사의 편지 29

 아침에 눈을 뜨고 일어나면 새로운 활력이 솟구치며 상쾌한 기쁨과 평안이 온몸에 넘칩니다. 피곤하고 불쾌하게 잠자리에 들었던 지난밤을 생각하면 자는 동안에도 당신은 온몸 구석구석을 사랑의 손길로 만지시며 피로물질이나 노폐물을 제거하시고 필요한 곳곳마다 최고의 영양제를 아프지도 않게 놓아주신 이 세상 최고의 명의도 할 수 없는 치료를 밤을 지새워 무료 봉사를 베푸신 당신께 무슨 말로 감사를 할 수 있을까요?

 지난밤에도 밤을 지새우며 힘든 일을 한 자들, 불침번으로 나라를 지킨 군인들, 심한 질병의 고통으로 밤을 지새운 자들, 사랑하는 가족과 피눈물을 흘리며 사별한 자들, 전쟁으로 생명을 잃은 자들이 세계 각지에 무수히 많았을 텐데, 게으른 철부지 죄인에게 편안한 잠자리와 단잠의 선물을 주신 이유를 어떻게 이해할 수 있을까요?

 이러한 축복을 밤마다 베푸시며 찬란하게 빛나는 태양으로 새날의 선물을 날마다 주시는 당신을 기쁨과 감사로 찬양하며 당신이 주신 사명을 최선을 다해 감당하게 하소서! 연약하고 간사한 자의 입술과 손과 발을 은혜로 붙드시고 인도하여 주소서!!

생명의 떡

돈, 명예, 사랑, 여행
그 어떤 것으로도
풀 수 없던
영혼의 갈증

끊임없이 괴롭히는
갈증을 풀려고
온갖 길을 헤매다
허무의 깊은 골짜기를 지나
죽음의 절벽 앞에
쓰러졌을 때

당신은
영혼의 문을 두드리셨죠
"나는 생명의 떡이니
내게 오는 자는
결코 주리지 아니할 터이요
나를 믿는 자는
영원히 목마르지 아니하리라"

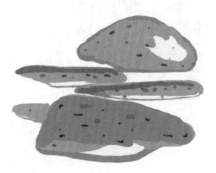

생명의 떡, 당신이
내 안에 들어오자
갈증은 어디론가 사라지고
새로운 샘물에서 솟아나는
기쁨과 감사의 생수가
분수처럼 솟구칩니다

당신이 내 안에
내가 당신 안에
하나가 되게 하셨으니
날마다 기쁨과 감사의 생수가
가뭄으로 지쳐있는 이웃의 골짜기로
흐르게 하소서

감사의 편지 30

'소년들이여, 야망을 가져라' 는 말의 신봉자처럼 대부분의 20, 30대를 외교관, 교수의 야망을 채우려 안간힘을 썼습니다. 그러나 야망을 쫓을수록 야망은 신기루처럼 멀리 달아나고, 사막 같은 길을 허우적대며 갈증과 피로만 가중되어 결국 실패와 질병의 쓴맛을 보고 죽음의 문턱 앞에 쓰러졌습니다.

그 때 당신은 처절하게 무너져 있는 저의 마음의 문을 두드리셨죠. 욕망의 허기증으로 쓰러져 있던 저는 물에 빠진 사람이 지푸라기라도 잡는 심정으로 당신을 붙잡고 살려달라고 애원하였습니다. 논리고 합리고 따질 여유조차 전혀 없었으니까요.

논리 지향적인 저의 성격을 잘 아시는 당신께서 저를 불쌍히 여기시고 적기에 찾아오셨던 것 같습니다. 당신을 순순히 마음에 받아들이자, 놀랍게도 갈증과 허기증은 순식간에 사라지고 가슴 어디선가 이전에 느껴보지 못한 기쁨과 희망의 샘물이 분수처럼 솟구쳐 나왔습니다.

당신의 말씀처럼 정말 신비한 생명의 떡을 먹은 것처럼 전에 추구하던 야망을 채우지 않았음에도 삶의 공허감이 사라졌습니다. 야망으로 애태우던 그 자리에 생명의 떡, 당신이 들어와 계시니 새로운 기쁨과 평안과 감사의 생수가 흐릅니다. 이 신비한 생명의 떡과 생수를 이전의 저처럼 야망의 갈증으로 괴로워하는 자들과 사랑의 심장으로 나누게 하소서!

의사

조그만 먼지 하나가
눈앞을 공격해도
눈 못 뜨고 울어대는 자를
졸지도 주무시지도 않고
속눈썹 한 개까지 돌보아주시는
불꽃같은 당신의 눈길

그것도 모자라
시시콜콜 칭얼대는 하소연을
일일이 귀담아 들어주며
상처를 만져주고 꿰매주는 자들을
선물로 보내주신
당신의 따뜻한 가슴에
감사의 편지를 올립니다

이 연약한 자
당신의 크신 사랑 갚을 길 없사오니
이 땅에 남기신 당신의 발자국을 닮아
병약한 자들 위해
날마다 자비의 무릎을 꿇게 하소서

무릎으로 피워 올린 감사꽃 200 송이

76

감사의 편지 31

백이면 백 명 모두 생김새, 성격, 재능이 다른 유전자, 각기 기능이 다른 오장육보가 자율신경에 따라 움직이는 원리, 병균이 침범하거나 상처가 나도 스스로 치료될 수 있는 면역 장치 등 인간이 다 이해할 수 없는 신비한 영혼과 육체의 설계도를 생각해 내신 당신!

병든 지 38년이 되어 베데스다 연못가에 누워 절망의 신세한탄만 하던 자와 죽은 지 4일이나 되어 무덤에서 썩은 냄새가 나는 나사로를 '일어나라, 나오라' 등의 말씀 한두 마디로 완벽히 치료하고 살려내신 당신, 성전 미문에 앉아 구걸하던 앉은뱅이를 당신의 제자, 베드로와 요한이 당신의 이름만으로도 일어나 뛰게 하신 당신이야 말로 상상을 초월하는 위대한 의사이십니다.

그런 당신이 항상 함께 하시고 솜털 한 개까지 상하지 않도록 밤낮으로 돌보시며 사랑해주시면서도, 온몸 구석구석을 제각기 담당하며 약을 처방해 주거나 수술까지 해주는 의사까지 선물로 보내시고 태어나는 순간부터 죽는 날까지 한없는 사랑을 쏟아 부으시는 당신께 어찌 다 감사할 수 있으리오.

잠시 동안 공기 한 가지만 공급하지 않으셔도 살 수 없건만, 이 어리석고 둔한 자는 공기처럼 항상 베푸시는 당신의 무조건적인 변함없는 사랑을 제대로 실감하지도 감사하지도 않은 채 살아온 날이 대부분입니다. 남은 생이라도 당신의 사랑에 늘 감사하는 마음으로 당신이 이 땅에 오셔서 모범을 보이셨듯이, 병약한 자들을 위해 당신의 이름으로 기도의 무릎이라도 자주 꿇게 하소서!

환경미화원

거리마다 골목마다
비가 오나 눈이 오나
나태하고 무책임한 자들의
이기적인 오물들을
치우는 손길 덕분에
밝고 깨끗한 하루를 살아갑니다

제 가슴 구석구석
제 핏줄 구석구석
매일 매일 쌓이는
이기적인 오물들을
치우시는 당신 덕분에
밝고 깨끗한 하루를 살아갑니다

온갖 공해로
병들고 죽어가는 세상
남모르는 힘겨운 짐으로 신음하는 자들
가슴속 오물을 덜어주는
당신의 작은 청소부로
사용하여 주소서

무릎으로 피워 올린 감사꽃 200 송이

감사의 편지 32

멋진 승용차를 타고 대로를 가다가도 유리창을 열고 버려지는 담배꽁초들, 대학 강의실에서조차 책상이나 바닥에 방치되는 음료수나 과자봉지들, 유원지나 공원에 가도 여기저기 흉물처럼 나뒹구는 쓰레기들, 아파트 단지의 각종 쓰레기들......

이것들을 하루만 치우지 않는다고 상상만 해도 전국토가 어지럽고 냄새나는 거대한 쓰레기장이 될 것입니다. 하지만 날마다 이른 새벽부터 버린 자들을 탓하지 않고 묵묵히 청소하는 이들 덕분에 상쾌한 기분으로 하루하루를 맞이합니다.

어린 시절부터 오늘까지 저의 가슴과 핏줄에 쌓인 온갖 욕망과 열등감 등으로 쌓인 찌꺼기들을 상상해 봅니다. 일찍이 성인병이나 정신병으로 쓰러지지 않고 살아가는 지금의 모습이 신기하기만 합니다. 저도 모르는 사이에 날마다 밤낮으로 영혼과 육체 구석구석에 쌓인 온갖 오물을 치우시고 병균을 죽이시며 죽어가는 수많은 세포를 재생시키시는 당신의 은혜 덕분인지도 모른 채 오랜 세월을 오만방자하게 살았습니다.

눈앞만 바라보는 인간들의 이기적인 욕망 때문에, 당신의 귀한 선물인 지구 전체가 온갖 공해로 죽어가며 신음하고 있습니다. 이제라도 이런 문제를 영적인 관점으로 바라볼 수 있는 눈을 뜨게 하시니 감사드립니다. 남에게 털어놓지도 못하고 혼자서 신음하는 이웃부터 살펴보며 당신이 베푸시는 은혜를 함께 나누고 마음의 짐을 덜어주는 작은 청소부로 낮아지게 하소서!

교통 봉사대원

법과 정의가
세상에 죽었다고
욕을 퍼붓던 당신의 제자

위반을 분명히 하고도
딱지를 받으면
불쾌감이 독가스처럼
온몸에 퍼지는
위선자

자기 앞길만 바라보는 야생마들이
뒤엉켜 질주하는
생사의 갈림길에 홀로 서서
먼지와 가스를 마시며
목이 쉬도록
호각을 불어대는 그가 있기에
콧노래를 부르며
도로를 달립니다

세상의 법과 정의의 울타리가
아무리 무너져간다 해도
홀로 선 봉사대원의 호각소리를 기억하며
사소한 법 한 가닥이라도
당신의 법처럼
두려운 눈길로 바라보게 하소서

무릎으로 피워 올린 감사꽃 200 송이

감사의 편지 33

우주에 있는 수많은 별들과 행성들이 수십, 수백억 년을 서로 부딪치지 않고 놀라운 법칙들에 의해 운행되고 있다는 과학자들의 말을 들을 때마다 당신의 창조 능력에 감탄할 뿐만 아니라 당신은 얼마나 질서와 법을 중요시하는 분인지를 깨닫게 됩니다. 그리고 성경은 당신이 가장 사랑하는 자는 당신의 말씀의 법을 지키는 자라고 강조합니다.

그런 당신을 가장 존경하고 사랑하는 자라고 자부하며, 다수의 정치인들을 스스로 국법을 만들면서도 국법을 제대로 지키지 않고 국민을 실망시키는 뻔뻔한 자들이라고 기회가 있을 때마다 목에 힘주며 비난을 일삼았습니다.

그러나 운전을 할 때마다 특별히 바쁘지도 않으면서 차선이나 신호등 같은 교통법규를 수시로 위반하면서도 양심의 가책을 크게 느끼지도 않았음을 고백합니다. 게다가 어쩌다 위반 사실이 카메라에 찍혀 범칙금 통지서를 받으면 잘못을 뉘우치기에 앞서 불쾌감부터 끌어 오르는 뻔뻔한 위선자입니다.

가끔씩 출퇴근 시간에 자기만 서로 앞서 가려고 야생마처럼 달리는 차들이 뒤엉킨 도로 한복판에서 열심히 호각을 불어대고 수신호를 하며 차량을 소통시키는 자원봉사대원을 보면 죄송하기도 하고 감사한 마음에 고개가 숙여집니다. 아무리 사소한 세상의 법이라도 항상 존중하고 지키는 떳떳한 당신의 제자가 되게 하소서! 교통 봉사대원의 호각소리를 통해 '행함이 없는 믿음은 죽은 믿음이라'는 당신의 음성을 듣게 하시니 감사합니다.

볼 수 있다는 게

수많은 자동차들의 위협을
지팡이 하나로 방어하며
횡단보도를
조심조심 두드리는
시각장애인

횡단보도를 건넌 그는
살았다는 안도의 한숨을
길 게 내뿜고는
산 너머 산 같은
캄캄한 앞길을
우울한 음표들로 두드립니다

그가 두드리는 음표들은
볼 수 있다는 게
얼마나 큰 축복인지
가슴 속 심장을 파고들어
눈물 젖은 글자들을 새깁니다

눈을 깜빡일 때마다
볼 수 있다는 그 자체에
감사의 색안경을 쓰고
세상 만물을 밝고 아름답게
바라보게 하소서

당신의 소중한 선물,
아름다운 두 눈에
분노나 좌절의
어두운 색안경을 쓰려고 할 때마다
시각장애인의 우울한 음표들을
기억나게 하소서

무릎으로 피워 올린 감사꽃 200 송이

감사의 편지 34

　시각 장애인이 금방이라도 달려들 것 같은 맹수 같은 기세의 수많은 자동차들 앞을 지팡이 하나만을 이리저리 두드리며 성질 급한 신호등이 재빠르게 색깔을 바꾸려 깜박거리는 횡단보도를 곡예사처럼 휘청대며 건너갑니다.

　횡단보도를 건넌 그는 잠시 멈춰 서서 안도의 긴 한숨을 내뿜고는, 또다시 지팡이를 휘두르며 무관심한 수많은 사람들 틈을 헤쳐 갑니다. 잠시 그의 뒷모습을 바라보며 생각에 잠깁니다. 돈을 벌려고 직장으로 가는 것일까? 집으로 가는 것일까? 함께 살며 그를 돌봐줄 가족은 있을까? 아니면 돌봐야 할 처자식이 있는 건 아닐까?

　그가 두드리는 지팡이 소리가 슬픈 음악을 연주하는 우울한 음표들로 가슴속 심장을 찔러대며 멀쩡한 두 눈으로 볼 수 있다는 그 자체가 얼마나 큰 축복인지 절절히 깨닫게 합니다. 보석 같은 두 눈을 선물로 주신 당신께 뒤늦은 감사를 드립니다! 대자연, TV, 컴퓨터 등 온갖 문명의 이기(利器)들을 맘껏 보고 즐기면서도 걱정, 분노, 좌절 등의 사치스런 안경을 쓰고 투덜댈 때마다 평생 아무 것도 보지 못하는 시각장애인들을 생각나게 하소서! 깜빡이는 동작 자체가 감사의 음표가 되게 하소서!

말할 수 있으니

우주 만물을
말씀으로 지으시고
지금도 말씀으로
다스리시며
운명의 바퀴를
돌리시는 당신께서

그 위대한 말씀의 씨를
선물로 주셔서
희로애락의 꽃을 피우고
꽃의 향기를 주고받으며
험난한 인생길을
외롭거나 지루하지 않게 하시니
감사의 찬양을 드립니다

그 위대한 능력의 씨에
사랑, 겸손, 인내의 물을
끊임없는 기도의 손으로 주며
미움, 교만, 분노의 잡초를
끊임없는 기도의 손으로 뽑아
당신이 기뻐하는 꽃을 피우고
구원과 위로와 치유의 향기를
날마다 퍼뜨리게 하소서

감사의 편지 35

　우주 만물을 말씀으로 창조하신 당신! 해가 있으라 하니 해가 생겼고 바다가 있으라 하니 바다가 생겼고 새가 있으라 하니 새가 나르고 꽃이 있으라 하니 꽃이 생겼다는 당신의 신비하고 위대한 능력을 어찌 다 이해할 수 있으리오.

　그런 놀라운 당신의 속성을 닮은 능력을 인간에게 선물로 주셨다니요. 말로 천 냥 빚을 갚는다는 속담도 있습니다. 정치를 하는 대통령이나 왕들도 말로 나라를 다스립니다. 평범한 사람들에게도 가족뿐만 아니라 모든 사람들과 희로애락의 소통을 말로 표현하며 외롭고 힘든 인생길을 서로 사랑하고 용서하고 격려하며 살게 하시니 무한 감사를 드립니다.

　말이 없다면 삶이 얼마나 재미도 없고 오해와 불신이 많을까 상상할 수 없습니다. 이런 위대한 말의 능력을 선물로 주셨는데도 이 어리석은 자는 분노나 불평의 수단으로 사용할 때가 수시로 있습니다. 당신의 귀중한 보물을 늘 기도로 길들이며 위로, 소망, 구원, 치유 등의 수단으로 당신의 사명을 위력 있게 감당하게 하소서!

걸을 수 있다는 한 가지

두 손 두 발로 바닥을 기면서도
눈물 섞인 미소의 반주로
당신께 감사를 노래하는 자

휠체어에
죽은 하체를 올려놓고도
눈물 섞인 미소의 반주로
당신께 행복을 노래하는 자

그들의 동전 바구니가
부끄러운 게 아니라
사지가 멀쩡한데도
가진 게 너무 없다고
한탄을 노래하는 자가
부끄러운 자임을
그들의 미소에서 보게 하시고

걸을 수 있다는 한 가지가
걷지 못하는 자들의
꿈에도 소원인 것을
그들의 눈물에서 보게 하시니
가슴에서 연주하는
감사의 눈물을 올립니다

발걸음을 뗄 때마다
두 다리의 근육들이
당신의 특별한 은총을 기억하며
당신 향한 영광의 길로만
나아가게 하소서

무릎으로 피워 올린 감사꽃 200 송이

감사의 편지 36

지하철 역 광장을 지나갈 때면 가끔씩 두 손 두 발로 땅바닥을 기거나 휠체어에 마비된 하체를 올려놓고 힘차게 찬송가를 노래하는 장애인을 보게 됩니다. 그들의 얼굴엔 미소가 있는 동시에 눈물이 흐르고 있습니다.

가슴이 짠하여 발걸음을 멈추고 한참 동안 그들을 바라보고 있다 보면 그들이 불쌍하게 보이기보다 위대하게 느껴집니다. 저렇게 불편한 몸으로 어떻게 행복한 표정을 지으며 감사의 노래를 부를 수 있을까? 그들의 열정적인 찬양의 힘은 도대체 어디에서 나오는 것일까?

사지가 멀쩡하여 바쁘게 그들 곁을 지나가는 사람들이 오히려 삶에 지친 듯 무표정하고 피곤해 보입니다. 그들의 눈물어린 뜨거운 찬양에 뭉클한 감동을 받으며 뻔뻔한 나 자신을 반성해봅니다. 마음대로 걷고 뛸 수 있는 건강한 두 다리를 가지고도 그것에 대해 한 번조차도 기뻐하거나 감사하지 않고 무감각하게 살아가고 있으니 말입니다.

오히려 젊은 나이엔 길고 늘씬한 다리를 가진 사람들을 보며 짧은 다리에 심한 열등감을 느끼기도 하였고, 요즘엔 아파트나 지하철 계단을 오르며 무릎만 조금 아파도 나이 탓을 하며 한숨을 내쉴 때도 많았습니다. 그들을 바라보며 '걸을 수 있다' 는 한 가지만으로도 얼마나 큰 축복을 누리고 있는지를 깨닫게 해주시니 감사합니다. 항상 범사에 감사하며 당신이 기뻐하시는 길만을 가게 하소서!

먹을 수 있으니

엄마의 죽은 젖을 물고
허기증의 경보음을 울릴
의욕의 맥박도 뛰지 않아
눈물만 피고름처럼
흘리는 아프리카 아이들

며칠 째
죽 한 공기도
넘기지 못하고
밥 한 공기 먹는 걸
절절한 소원의 노래로 토해내는
중환자들도 즐비한데

아직도 욕심의 배를 채우지 못해
걸신들린 자에게
맛있는 음심을
때마다 배 두드리며
먹을 수 있는 복을
왜 주셨는지요

별미가 없다거나
살이 쪄서 큰일 났다는
헛소리를 말게 하시고
시궁창에서 국수 한 가닥을 건져 먹는
북한의 꽃제비들을 위해
가끔이라도 자비의 기도를
올리게 하소서

감사의 편지 37

최근에 한국에서는 식량이 부족하여 굶주리는 사람들이 있다는 소식은 거의 들어본 적이 없습니다. 백화점이나 대형마트엘 가보면 온갖 종류의 먹을 것이 산더미처럼 쌓여 있습니다. 누구나 원하기만 하면 먹고 싶은 것을 언제나 배불리 먹을 수 있는 형편이지요.

하지만 TV에 나오는 뉴스를 보면 동족인 북한, 필리핀, 방글라데시 등 동남아시아의 여러 나라와 아프리카 대다수의 나라에서는 기초 식량이 부족하여 뼈만 앙상한 아이들이 굶주림과 영양실조 질병에 시달리고 있습니다.

우리나라에서도 병원의 입원실에 가보면 고통에 신음하며 죽 한 그릇도 제대로 넘기지 못하는 수많은 환자들이 있지요. 그런데도 다수의 한국인들은 배불리 먹는 것을 당연시할 뿐만 아니라 비만을 불평하며 고민하고 있습니다.

저도 예외는 아닙니다. 식량이 없어 고민한 적이 없고 먹을 수 있는 건강을 잃은 적이 없어서 그런지, 일용할 양식을 주신데 대하여 뼛속 깊이 당신께 감사한 적이 없습니다. 이제부터는 비만 같은 행복한 삶의 불평을 늘어놓지 말고 '편안히 먹을 수 있다'는 한 가지 만으로도 범사에 넘치는 감사를 하게 하옵소서! 특별히 세계 도처에서 굶주림으로 죽어가는 어린이들을 위한 기도를 잊지 않게 하소서!

들을 수 있으니

대박이 날 수 있어요
명문대 자녀 키우는 법
대기업 취업의 비결
애인을 사로잡는 법
날씬해지는 식이요법
세계일주의 꿈을 펼치세요

온갖 욕망의
매혹적인 소음 가운데서도
영혼의 귓전을
미풍처럼 스치는
당신의 음성을 들을 수 있으니
감사를 드립니다

가진 게 없고
내세울 게 없어
욕망의 허기증과 열등감으로
가슴이 쓰려 울고 있을 때라도

'사랑한다'
당신의 음성 한 마디면
세상 모든 걸 다 가진
왕자가 되고
기뻐서 하늘을 훨훨 나는
새가 됩니다

매혹적인 욕망의 노래가
아무리 달콤할지라도
귀를 쫑긋대거나
머뭇거리지 말게 하시고
당신의 음성에만
영혼의 귀를 활짝 열고
가슴 뛰며 듣게 하소서

무릎으로 피워 올린 감사꽃 200 송이

감사의 편지 38

안 본다, 줄인다 하면서도 당신께 기도하는 시간보다 TV나 컴퓨터에게 시간과 마음을 바치며 예배 아닌 예배를 드리는 날이 많음을 고백합니다. 그것들에서는 매력적인 남녀들이 나와 온갖 매혹적인 말로 세속적이고 물질적인 욕망의 허기증을 자극하며 낭만적인 환상에 빠지게 하지요.

하지만 잠시 뒤면 냉랭하고 단조로운 현실이 눈앞에 펼쳐지며 풀기 어려운 삶의 문제들이 머리를 지끈거리게 합니다. 매스컴의 환상적인 말과 장면들에 중독되면 될수록 자신도 모르게 현실의 삶에 대한 좌절감과 열등감은 증대되는 것 같습니다.

그럼에도 당신의 자녀로서 현실적인 어려운 문제들을 이겨내려고 당신께 매달리며 도움을 간구하지요. 자본주의 사회에 살면서 물질적인 유혹과 어려움을 벗어나기가 쉽지는 않지만 외아들을 십자가에 버리면서까지 영생의 선물을 주신 당신의 말씀이 떠오를 때마다 세상의 유혹에 얽매이고 흔들리는 자신이 부끄러워집니다.

'진리가 너희를 자유케 하리라'는 당신의 말씀을 항상 잊지 말게 하소서! 우주의 왕이신 당신이 늘 제 안에 계시며 말씀하시는 사랑과 진리의 음성에만 마음의 귀를 기울이게 하소서! 세상의 온갖 소음 가운데서도 당신의 음성을 들을 수 있다는 것만으로도 늘 특별한 선물에 대한 감사를 드리게 하소서!

볼 수 있으니

전철역 계단을
오직 지팡이에 기대고
휘청거리며
더듬는 이처럼

한 때는
삶의 캄캄한 계단을
오직 이성(理性)의 지팡이에 기대고
휘청거리며
더듬었습니다

이제는
먼눈을 열어주시어
진리의 길, 행복의 길을
볼 수 있게 하시고
날마다 순간마다
손잡아 이끄시니
어찌 당신의 그 은혜를
말로 다하리오

하지만 아직도
눈앞의 작은 사탕이나
장난감을 갖지 못해서
수시로 칭얼대는 아이가 되니
못난 불효자는
고개를 들 수가 없습니다

볼 수 있다는
당신의 선물 한 가지만으로도
날마다 기쁨과 감사의 춤을
덩실덩실 추게 하소서

무릎으로 피워 올린 감사꽃 200 송이

감사의 편지 39

당신을 알기 전까지는 한 치 앞도 안 보이는 험난한 인생길의 문제들을 저를 위한 관점의 이성(理性)적 판단을 하려고 최선의 노력을 기울였지요. 하지만 늘 근심과 염려를 떨쳐버리지 못하고 예상치 못한 희비의 쌍곡선에 휘말려 돌아가며 힘겨운 나날을 살아왔습니다. 특히 불가항력적인 장애물에 가로막혀 야심찬 꿈이 좌절 될 때는 인생이란 무엇인가? 왜 나에게만 이런 시련이 올까? 하면서 삶에 대한 회의(懷疑)를 느낄 때가 한두 번이 아니었지요.

그러던 어느 날 당신이 찾아와 만나주시고 새로운 영적인 눈을 열어주셔서 진리의 길, 행복의 길을 보게 해주셨지요. 그날 이후로 참된 인생의 목적과 의미를 깨달으며 기쁨과 소망의 나날을 보내고 있습니다. 그렇게 크나큰 축복의 선물을 주신 당신께 그 무엇으로 감사를 표할 수 있을까요?

하지만 아직도 세속적인 욕망을 제어하지 못하고 영적인 눈으로 보면 어린아이처럼 사탕이나 장난감 같은 것을 갖지 못해 수시로 근심과 염려에 빠져드는 한심한 자임을 고백합니다. 영적인 세계를 볼 수 있다는 한 가지만으로도 범사에 자족하며 감사하게 하소서! 아니 시각장애가 없이 사물을 또렷이 볼 수 있는 두 눈이 있다는 것만으로도 날마다 감사하게 하소서!

당신의 음성

사슴이 목이 타서
시냇물을 찾듯이
돈과 명예를
목말라하던 자가
당신의 음성을
목말라합니다

돈과 명예의 물을
쉽사리 못 마신 것처럼
당신의 음성을
쉽사리 못 들어
아무리 가슴이 터질 듯해도

목마른 사슴처럼 불안한 눈으로
날뛰지 말게 하시고
돈과 명예보다
당신의 음성을 먼저 구하는
믿음의 선물을 주신 당신께
감사의 편지를 쓰게 하소서

무릎으로 피워 올린 감사꽃 200 송이

감사의 편지 40

10여 년간의 기도 끝에 당신이 주신 사명을 깨달은 후로는 당신의 뜻을 따라 살려고 이전보다 배가의 노력을 기울이고 있습니다. 지금도 당신이 저에게 베푸시는 놀라운 사랑, 위로, 치유 등을 전하려고 집필 활동에 전념하고 있습니다.

하지만 글의 주제, 출판사 등의 문제로 당신의 음성을 빨리 듣고 싶지만 명확한 답을 듣지 못해 수시로 답답해하곤 합니다. '당신이 기뻐하시는 글을 쓰고자 하는데 왜 시원한 답을 주시지 않으세요? 혹시 지금 쓰고 있는 글을 원하지 않으시나요? 아직도 제 욕심을 앞세워 쓰는 글이라고 판단하신다면 빨리 쓰레기통에 넣으라고 말씀해주세요.'

최근 수년 간 집필을 하며 이런저런 고민을 통해 얻은 깨달음은 단지 나의 욕구를 채우기 위해 돈과 명예를 쉽사리 얻지 못해 목 말라하는 것보다 당신의 뜻대로 행하기 위해 당신의 음성을 들으려고 목 말라하는 하는 자체가 믿음의 축복을 받은 자의 행복한 고민이라는 것입니다. 이제는 당신의 음성에 초조해하지 말고 제가 원하는 모든 것을 알고 계시며 항상 주시기를 기뻐하시는 당신을 전적으로 신뢰하며 당신의 섭리를 여유롭게 기다리게 하소서!

신비한 열쇠

취업과 성공의 문들이
겹겹이 닫혀
죽음의 절벽 앞에 주저앉아
울고 있던 자인데

당신이 홀연히 찾아와
절망의 손을 잡아 일으키시고
어떤 보물창고도 열수 있다는
믿음의 열쇠라는 선물을
가슴 속에 넣어주셨습니다

당신을 만난 후
죽었다 살아난 사람처럼
기쁨과 감사로
덩실덩실 춤을 추었습니다

하지만 감격의 춤도 잠시,
쉽사리 열리지 않는 취업과 성공의 문턱에서
불평과 애걸의 신음만 높아가는 가슴에
어느 날 당신의 음성이 날아듭니다

"믿음의 기도와
말씀의 순종이
보물창고의 암호니
암호부터 누르고
열쇠를 사용해라"

감사의 편지 41

입시 지옥의 문을 탈출하고 대학의 문만 들어가면 성공의 탄탄대로를 걸어갈 줄 알았는데, 고시라는 야망의 꿈이 갑작스런 난치병으로 산산조각 나며 취업과 성공의 문이 일시에 무너지자, 잔인한 운명을 저주하며 죽음의 절벽 앞에 주저앉아 눈물로 하루하루를 간신히 버텨가고 있었습니다.

그러던 어느 날 저의 모습이 너무나 한심하고 딱하다고 여기셨던지, 당신마저 원망하며 울고 있는 자에게 당신은 홀연히 찾아와 절망의 손을 잡아 일으키시고 살 수 있는 희망의 탈출구를 알려주시며, 어떤 보물창고도 열 수 있다는 신비한 열쇠까지 선물로 주시며 위로해 주셨습니다.

저는 물에 빠진 사람이 뭔가에 매달리듯 당신께 매달리며 희망의 탈출구를 향해 죽을 힘을 다해 신이 나서 달리기 시작했지요. 수년간은 질병의 차도만으로도 기쁨과 감사의 나날을 보냈습니다.

그러나 건강이 회복되며 가슴속에 숨어있던 성공에 대한 욕망들이 꿈틀대며 또다시 가슴앓이가 시작되었습니다. 그러면서 어떤 보물창고도 열 수 있다는 당신이 주신 열쇠의 사용법을 몰라 오랜 세월 답답해하며 당신께 매달렸습니다. 그러던 어느 날, 당신께서 보물창고를 여는 암호를 알려주셨지요. 세속적인 성공의 문만 열려고 골몰하던 어리석은 철부지를 버리지 않으시고 참된 성공과 행복의 보물창고를 여는 은혜를 베푸신 당신께 감사의 고개를 숙입니다.

구름 위를 날다

육체의 발은
황사 바람이 부는
진흙탕 길을 걷고 있지만

영혼의 발은
당신의 나라를 꿈꾸며
구름 위를 날고 있습니다

육체의 눈은
누런 먼지 가득한 하늘을
불편하고 불쾌한 시선으로
바라볼 뿐이지만

영혼의 눈은
빛나는 당신의 나라를
감사와 소망에 찬 시선으로
바라보고 있습니다

육체의 발과 눈은
날마다 진흙탕 길에서
허둥대며 지칠지라도

영혼은
날마다 구름 위를 날며
감사와 소망의 함성을
뜨거운 심장으로 터뜨리게 하소서

무릎으로 피워 올린 감사꽃 200 송이

감사의 편지 42

황사 바람이 불어오는 어느 봄날, 눈 녹은 질척한 길을 걷고 있습니다. 하지만 영혼은 당신의 나라를 상상하며 신비하고 새하얀 구름 위를 걸어갑니다. 눈앞엔 심술보 희뿌연 먼지가 시야를 방해하지만 영혼은 찬란한 빛으로 가득한 당신의 보좌를 바라봅니다.

꽃샘추위로 찬바람이 가슴을 파고들며 우울한 바이러스를 뿌려대지만, 영혼은 새가 되어 믿음의 날개를 휘저으며 충격적이고 가슴 아픈 문제들의 뉴스가 황사 바람처럼 휘몰아치는 지상을 떠나 온갖 보석이 찬란하게 빛나는 당신의 나라를 향해 날아오릅니다.

날마다 수많은 문제들이 독거미처럼 손목, 발목을 붙잡아 매며 연약한 육체와 영혼을 휘감아 피를 빨고 근심과 공포의 독으로 질식시켜 잡아먹으려 들지만 영혼은 믿음의 눈을 크게 뜨고 당신 나라에 시선을 고정한 채 구름 위를 날고 싶습니다. 사랑과 능력이 무한하신당신이여, 진흙탕 같은 인생길이 이어진다 해도, 영혼만은 항상 감사와 소망의 날개를 휘저으며 구름 위를 날게 하소서!

제 3 부 대자연의 선물

찬바람

오늘은 무슨 일로 기분이 언짢으신가요
길가의 나무들이 벌벌 떨고
아파트 창문들이 엉엉 울도록
당신이 휘두르는 회초리 소리가
사방에서 요란합니다

연속극에만 주파수를 맞추고
편안히 늘어져 있던 귀도
깜짝 놀라며
신경을 곤두세웁니다

회초리 소리가
양심의 창문을 윙윙 울립니다
"그렇게 TV만 사랑할 때가 아니란다
지금도 추위에서 신음하며
생과 사 갈림길에서 울고 있는 자들이 많단다
사명을 잊지 말고 기도하여라"

아, 당신은
졸고 있는 양심을 깨우기 위해
차가운 회초리를 들고
나뭇가지와 창문을
그토록 세차게 때리신 건가요

죄송, 죄송
감사, 감사
이제부터는 당신의 음성에
항상 귀를 기울이는 아이가 되겠습니다

감사의 편지 43

요즘은 TV를 밤낮으로 아무 때나 볼 수 있는 시대입니다. 추운 겨울 날 낮 시간인데 TV연속극을 보고 있었습니다. 비스듬히 벽에 기대어 한참 내용에 몰두하고 있을 때 아파트 창문이 윙윙 울리고 창밖의 나뭇가지 흔들리는 소리가 요란히 들려옵니다.

유난히 으스스한 소리에 긴장이 되어 창밖으로 시선을 돌려 사방을 둘러 봅니다. 그 때 세찬 바람 소리가 회초리 소리로 변하여 양심을 때리기 시작합니다. 그리고 TV만 보고 있을 때가 아니라며 추운 날씨 속에서도 힘겹게 살아가는 사람들이 많으니 너의 사명을 위해 기도하라는 당신의 음성이 들려옵니다.

당신의 음성을 직접 들은 경우는 대학원 석사과정 졸업 무렵에 갑작스레 들려온 두 명의 귀신 소리에 3일 동안 시달려 극도로 괴로워 누워있을 때, "어서 일어나 시편 143편을 읽어라"는 당신의 장엄한 음성을 들은 이후 처음 있는 생생한 경험이었습니다.

성경에 성령님은 바람처럼 임한다는 구절이 생각나며 부족한 저에게 바람 소리를 통해 임한 말씀에 뜨거운 감격을 느꼈습니다. 그리하여 즉각 일어나 기도를 하며 이 시를 쓰게 되었지요. 놀라운 방법으로 게으른 저의 양심을 깨워주신 당신께 감사드립니다!

새싹

차갑고 캄캄한
감옥에서도
봄을 알리는 사명을 잊지 않고
생사화복의 주인인
당신만을 바라보며
뜨거운 기도의 불을
겨우내 뿜어 올리다가

굳게 닫힌 감옥 문을
마침내 녹여버리고
연약한 연둣빛 머리를
하늘로 내밀어
감격의 찬양을 올리고 있습니다

외로움과 두려움의 피 말리는 공격도,
제 살 찢는 고통의 눈물도
오직 기도의 불로 태워버린
기도의 용사를 선물로 주시니
뜨거운 눈물을 흘립니다

아무리 크고 무서운 장애물이
사방을 에워싸도
기도의 용사, 새싹을 기억하고
전능하신 당신만을 바라보며
뜨거운 기도의 불을
쉬지 말고 뿜어 올리게 하소서

무릎으로 피워 올린 감사꽃 200 송이

감사의 편지 44

쌀쌀한 어느 봄날, 산골의 계곡물이 겨우 녹아 졸졸 힘없이 흐르고 있는
데, 양지쪽 한구석에 다 녹지 않은 얼음 사이로 연두빛 고개를 쳐들고 세상
구경을 하고 있는 수줍은 어린 아기. 너무나 귀엽기도 하고 신기하기도 하
여 잠시 바라보고 있자니, 졸졸 흐르는 시냇물의 곡조 따라 하늘 향해 은은
히 울려 퍼지는 찬양의 노래......

보드라운 꽃잎 같은 이파리가 어떻게 차갑고 단단히 얼어붙은 땅을 부수
고 나왔을까? 그 때 들려오는 뜨거운 불길 같은 기도의 음성...... 마치 뜨거
운 기도와 찬양으로 감옥 문이 열리는 기적을 일으킨 바울처럼, 겨우내 기
도의 불길을 뿜어 올려 굳게 닫힌 얼음 문이 녹아버리는 기적을 일으킨 기
도의 용사.

차갑고 캄캄한 감옥에서도 봄을 알리는 사명감으로 외로움과 두려움의 피
말리는 고통과 얼어붙은 제 살 찢는 고통마저 기도의 불로 태워버린 애절한
절규가 가슴 구석구석을 예리한 칼로 점이듯 전해옵니다.

연약한 미물로만 보았던 지난날의 과오를 용서하여주시고, 강인한 기도의
용사를 스승으로 본받아, 어떠한 장애물이 사방을 에워싸도 당신만을 바라
보며 뜨거운 기도의 불을 끊임없이 뿜어 올리게 하소서!

진달래

매서운 황사 바람이
굶주린 이리떼처럼
온 산을 휘젓고 다니며
온갖 목숨을 노리고 있는데도

온산에
기도의 불을
빨갛게 피우고 있는
아름다운 성도들

이 나라
이 백성을 위하여
온몸을 불태우며
밤낮으로 산 기도를 올리는
믿음의 스승들을 보게 하시니
탄성이 절로 나옵니다

자신과
가족의 울타리를 넘어서
온몸을 불태우는
저들의 기도의 불길을
이 냉골 가슴에도 붙여주소서

무릎으로 피워 올린 감사꽃 200 송이

감사의 기도 45

'고대 그리스 항아리에 부치는 송시' 라는 키이츠의 시에는 '들리는 소리는 아름답지만 안 들리는 소리는 더욱 아름답도다' 라는 구절이 있습니다. 항아리에 그려진 피리 부는 소년이 직접 연주하는 소리는 아름다웠겠지만 그림 속의 연주를 상상으로 듣는 소리는 더욱 아름답다는 묘사를 보고 감탄한 적이 있습니다.

초봄 어느 날 방안에 앉아 황사 바람이 몰아치는 산을 붉게 수놓은 진달래를 상상해 보았습니다. 저는 시골 출신이라 어렸을 때 앞산 여기저기에 흐드러지게 피어있는 진달래를 본 적이 많이 있거든요.

잠시 후 놀랍게도 온산에 떼 지어 피어있는 진달래들이 기도의 불을 빨갛게 피워 올리고 있는 성도들로 보였습니다. 자신과 가족뿐만 아니라 이 나라 이 백성을 위하여 온몸을 불태우며 밤낮으로 산 기도를 올리는 아름다운 성도들로 보였습니다.

주로 자신과 가족을 위해서만 기도의 목숨을 연명해가는 자에게 영안(靈眼)을 열어 믿음의 스승들을 보게 하시니 감개무량합니다. 사랑이 많으신 당신의 놀라운 섭리를 감사드립니다.

공원 산책

온갖 악취와 먼지를
몸과 마음에 뒤집어쓴 채
병들고 지친 발걸음을
한 발 두 발 들여놓자

상큼한 산바람은
맨발로 달려 내려와
온몸을 휘감아 안고
팔다리를 주물러주고
길가의 줄지은 꽃들은
환한 미소를 벙긋거리며
온몸으로 춤을 춥니다

길목마다 마주치는 풀과 나무들은
연초록 고운 옷을 단장하고
맑고 그윽한 향기로
찌들은 몸과 마음을 씻어주고
노니는 새들은 목청을 가다듬고
청아한 노래를 불러줍니다

당신은 왜
제 욕심만 채워달라고 앙탈하다
토라지기 일쑤인 철부지에게
이런 선물을 준비하셨나요

당신은 왜
계절마다
새 옷을 갈아입히시고
새 꽃가지를 흔드시며
무시로 품어주시고 달래주시나요

바람과 풀잎과 꽃으로,
물소리와 하늘빛으로
말씀하시는 당신의 뜻을
언제나 헤아릴 수 있을까요

무릎으로 피워 올린 감사꽃 200 송이

감사의 편지 46

천지만물을 다 창조하시고 인간을 마지막 날 창조하신 당신! 인간을 가장 소중히 여기시고 인간과 사랑의 교제를 나누시기 위해 인간이 생활하기에 완벽한 환경을 먼저 만드신 당신의 깊은 배려와 사랑을 어찌 이해할 수 있을까요?

회색빛 도시의 숲속에서 더러운 공기, 물, 소음, 음식, 말, 지식, 정보 등을 먹고 마시다가 지쳐서 가끔씩 인근에 있는 공원을 찾아갑니다. 평소에 전혀 돌보지도 않고 무관심하던 자를 바람, 꽃, 풀잎, 나무, 호수, 새들이 모두 다 하나같이 반겨줍니다.

이 모든 아름다운 자연을 저를 위해 만드신 사실도 모른 채 하루하루 눈앞의 안일과 쾌락만 사랑하는 어리석은 배신자를 위해 햇빛과 비를 내리시며 밤낮으로 지극 정성 가꾸시고 계절마다 꽃과 나무의 옷을 갈아입히시며 온갖 선물을 사철 내내 준비하시다니 감개무량해 할 말을 잊고 감탄할 뿐입니다.

이 철부지가 찾아가면 그 동안 찌들은 몸과 마음을 상큼한 바람으로 만져주시고 씻기시며, 꽃의 미소로, 새들의 노래로 피로를 풀어주시고 위로해주시며 사랑한다고 속삭여주시는 당신께 무한 감사를 드립니다. 어찌해야 바람과 꽃과 물소리와 하늘빛 등으로 말씀하시는 당신의 음성을 알아듣는 영적인 귀가 열릴 수 있을까요?

종달새

새벽하늘을
힘차게 솟구치며
청아한 목소리로
만물을 깨우는 자들

그들이 부르는 노래는
그 어떤 성악가의 노래보다도
기쁨과 활력의 바람을
온몸의 세포마다
가득 채웁니다

하루를 힘차게 시작하라고
그들의 노래로
새벽 특송을 들려주시는 당신께
조용히 무릎 꿇고
감사의 기도를 올립니다

비록 땅위에 붙어살지만
그들처럼
당신께 찬송 부르며
날마다 하늘 향하게 하소서

무릎으로 피워 올린 감사꽃 200 송이

감사의 편지 47

시편 148편을 쓴 시인은 해, 달, 별, 바다 같은 모든 사물들에게 당신께 찬양하라고 합니다. 그 이유는 당신이 명하시매 지음을 받았기 때문이라고 합니다. 10절에서는 짐승과 모든 가축과 기는 것과 모든 새들에게도 찬양할 것을 명합니다.

시인이 전 우주를 향해 찬양을 명령하는 모습이 대단하다는 생각이 들었지만 과연 무생물이나 짐승이나 새가 당신께 찬양할 수 있을까라는 의구심이 들었지요. 그러나 어느 봄 날 하늘을 날아오르는 새들이 청아한 목소리로 노래하는 소리를 들었습니다. 그들의 노래는 어느 성악가의 찬양보다도 신선한 기쁨과 활력을 주었습니다.

희열감에 젖어 한참이나 그들의 노래에 집중하며, 저의 힘찬 하루를 위해 그들의 찬양을 통해 당신께서 준비하신 새벽 특송이라는 생각이 들자 감격의 눈물이 흐르며 감사의 기도가 저절로 나왔습니다.

땅의 것들에 주로 생각이 매여 있어서 자연 만물이 당신께 드리는 찬양을 그 동안 듣지 못했다는 생각이 들었습니다. 만물의 영장으로 지음 받은 자로서 그들처럼 감동적인 찬양을 날마다 드리게 하소서!

함박눈

한동안
기도의 답장이 없어
의심과 염려의 안개가 자욱한
기다림에 지친 마음의 골짝에

갑자기
반짝이는 꽃송이들이
폭포수처럼 쏟아져
자욱한 안개를 순식간에 몰아내고
설레는 기쁨의 햇살을 가득 채웁니다

잠시 전까지만 해도
기도할 힘마저 잃은 채
시체처럼 쓰러져 있던 자가
탄성을 지르는 어린 아이가 됩니다

의심과 염려의 지병으로 신음하는 자를
안타까운 눈으로 내려다보시고
한없는 꽃다발을 아낌없이 안기시며
힘주시고 위로하시는 당신께
감사의 찬양을 드립니다

살아계신 당신이
사랑의 눈길로 보고 계시니
가장 적합한 때에
가장 좋은 것으로
답장이 올 것을 믿습니다

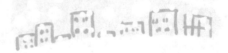

무릎으로 피워 올린 감사꽃 200 송이

감사의 편지 48

갑자기 함박눈이 내리기 시작해 창가에 다가가 폭포수처럼 쏟아지는 꽃송이들을 어린아이처럼 설레는 가슴으로 넋을 잃고 바라봅니다. 잠시 전까지만 해도 기도의 응답이 없다고 낙심하여 의심과 불안의 안개가 자욱하던 마음의 골짜기는 천사 같이 옷을 입은 순백의 꽃송이들이 가득 넘치는 기쁨의 꽃동산이 되었습니다.

당신을 믿는다고 가벼운 입술로 수시로 나불대면서도 의심과 불안의 지병을 달고 사는 한없이 나약한 자를 책망하거나 벌하지 않으시고 셀 수 없는 꽃다발을 안기시며 위로하고 기쁨을 주시며 순수한 어린이의 마음으로 치유하고 회복시켜 주시는 당신께 기뻐 뛰며 감사 찬양을 드립니다.

영적인 눈이 멀고 귀가 어두운 자신은 깨닫지 못하고, 보이지 않고 들리지 않는다고 당신의 존재를 늘 답답해하는 어리석은 자에게 살아계신 당신이 사랑의 눈으로 지켜보신다는 것을 다시 한 번 깨닫게 하시는 은총을 베푸셨습니다. 당신의 음성을 조급히 기다리지 말고 언제나 보고 계시며 최상의 선물을 들고 계신 당신을 엄마 품에 안겨 편안히 잠자는 아기처럼 믿게 하소서!

대한민국

아시아 모퉁이에
조그만 나라
그것도 남북이 갈라진
작은 땅이지만

우리의 이름마저 빼앗기고
당신의 이름조차 꺼내지 못 했던
역사의 감옥에서
꺼내주시고

아무 때나
누구의 간섭이나 방해 없이
당신의 이름을 소리쳐 부를 수 있고
당신의 이름을 소리쳐 전할 수 있는
입술의 자유를 허락하신 당신께
감사의 춤을 덩실덩실 춥니다

세계만방에
당신의 이름을 드높이는 촛대를
이 땅에 세우셨으니
어떤 노래로 감사할 수 있으리오

작고 연약한 자를 택해서
크고 힘 있는 자들을
부끄럽게 하시는
당신의 놀라운 솜씨를 찬양합니다

무릎으로 피워 올린 감사꽃 200 송이

감사의 편지 49

20대 한 때에는 왜 하필 세계에서도 가장 작은 나라 중 하나, 역사적으로도 주변 강대국에 둘러싸여 고통의 한이 서린 나라, 더구나 좁은 땅마저도 반쪽으로 잘려 늘 총부리를 마주하고 동족이 원수처럼 으르렁대는 나라에서 태어났을까 개탄한 적이 있습니다.

그러나 당신을 만나 제 2의 인생을 살며 조국의 역사를 바라보는 시각도 완전히 바뀌게 되었습니다. 당신이 어느 나라보다 금보다 귀한 보물로 만들어 쓰시려고 강대국 틈바구니에 이 나라를 세우시고 반만 년 동안 용광로의 불같은 훈련을 시켰다는 것을 깨닫게 되었습니다.

특히 6.25 전쟁으로 잿더미 같이 되어 세계 여러 나라의 도움을 받으며 간신히 보릿고개를 넘기던 나라가 최단 기간 내에 세계 역사에 유래 없는 '한강의 기적'을 이루어내고 세계 여러 나라에 경제적 원조를 하는 부국(富國)이 되었고, 1000만이 넘는 당신의 일꾼이 당신의 말씀과 사랑을 만국에 전하는 세계 2위의 나라가 되었습니다.

이 어찌 역사를 주관하시고 섭리하시는 당신이 세우신 크고 은밀한 계획 속에 당신이 일으키신 사랑과 능력의 기적이라 아니할 수 있으리오! 당신이 이 작은 땅에 역사의 중심 촛대를 옮겨 세우시고, 지극히 작고 연약한 자를 통하여 크고 강한 나라들에게 살아계신 당신의 놀라운 영광의 빛을 나타내시는 당신! 자랑스러운 이 땅에 태어나게 하시어 당신의 영광스런 일꾼으로 동참케 하신 당신께 무한 감사 찬양을 드립니다!

파아란 하늘

가슴이 답답해 때
가끔씩 바라보면
파아란 얼굴의 화아한 미소로
묵직하게 짓누르는 걱정, 슬픔, 분노 덩이를
시원한 바람처럼 날려버려 줍니다

드넓은 가슴으로
평안, 위로, 소망의 빛을
공짜로 채워주는 마음이
당신을 꼬옥 닮았습니다

바라 볼 때마다
작은 일에 서운해 하거나
화를 내는 좁은 가슴이
한없이 부끄럽습니다

날마다 바라보며
화아한 미소와 드넓은 가슴을
닮아갈 수 있도록
당신의 은총을 구하게 하소서

무릎으로 피워 올린 감사꽃 200 송이

감사의 편지 50

바쁘게 살다보니 눈앞의 문제들에 골몰하며 걱정과 불안의 먹구름 속에 휩싸여 파란 하늘을 쳐다보는 날도 많지 않았던 것 같습니다. 가끔씩 삶의 문제가 너무 무거워 주저앉아 불평과 좌절의 한숨을 쉬며 파란 하늘을 쳐다볼 때면 하늘은 저의 기분과 상관없이 언제나 밝은 얼굴로 바라보며 온갖 답답한 짓눌린 감정들을 속 시원히 날려주고 새로운 의욕과 희망을 채워 줍니다.

어린 시절을 시골에서 보낸 저는 여름 밤마다 앞마당 멍석 위에 누워 드넓은 하늘에 총총히 떠 있는 별들을 바라보며 우주의 신비에 대한 무한한 호기심에 젖어 삶에 대한 아름다운 환상을 가슴에 품고 드넓은 하늘의 가슴에 안겨 잠들곤 하였지요.

하지만 성인이 된 지금 생각해보면, 하늘이 준 삶에 대한 아름다운 환상을 까맣게 잊어버리고 사방이 막힌 아파트 숲속에 갇혀 시끄럽고 위험한 차들의 물결 속에서 사소한 일에 짜증을 내고 불평을 일삼으며 이기적이고 편협해진 자신이 한심하고 부끄럽습니다. 이제라도 답답한 현실의 벽 위에 펼쳐진 푸르고 드넓은 하늘을 자주 바라보며 미래에 대한 아름다운 환상을 다시 꿈꾸며 하늘의 마음을 닮아가게 하소서! 하늘을 선물하신 당신께 무한 감사를 드립니다.

고향

찾아갈 고향이 있고
반겨줄 부모가 계시다는 건
얼마나 감사한 일인지요

고향이 있어도
부모의 생사도 모른 채
철조망 너머로
메아리 없는 이름만
눈물로 소리치며
그리움의 심지로
수십 년 세월을
불태우는 이들도 있습니다

사랑하는 아버지!
제가 무엇이라고
영원히 살 집을 지어놓고
만날 날을 기다리며
늘 고향집을 향해
사랑과 축복의 길로
심령을 이끌어 주시는지요

무릎으로 피워 올린 감사꽃 200 송이

감사의 편지 51

　설이나 추석 명절 때면 대다수의 사람들은 부모님이 계시는 고향을 찾아
갑니다. 아무리 많은 차가 가는 길을 막는다 해도 오랜만에 부모를 만난다
는 설렘은 막을 수가 없나 봅니다. 하지만 북한에 부모를 둔 이산가족은 고
향을 가지 못해 수십 년째 그리움의 눈물만 흘린답니다.

　저도 명절 때마다 부모님이 그리워 작은 선물 보따리를 들고 만원버스에
시달리며 고향을 찾던 기억이 생생합니다. 갈 때마다 매번 힘은 들어도 반
겨주시는 부모님을 뵙자마자 피로감은 한순간에 사라지고 그 누구에게서도
느낄 수 없는 편안한 행복감에 젖었답니다.

　수년 전부터는 부모님이 모두 하늘나라에 가셔서 명절 때가 되면 멍하니
하늘만 바라보며 옛 추억에 젖어 어린 시절 부모님의 모습을 하나하나 그려
봅니다. 하지만 한편으로는 당신 의 은혜 덕분에 부모님을 다시 만날 행복
한 고향이 있다는 게 얼마나 큰 축복인지요.

　그곳에 제가 살 집을 지어 놓으시고 만날 날을 기다리고 계시며 늘 사랑과
축복을 베풀고 계신 당신! 당신의 모습을 두 눈으로 확인하며 얼싸 안고 감
격할 그 날을 상상하며 당신이 약속하신 편지의 사연을 곱씹어 읽으면서 감
사의 눈시울을 수시로 적십니다. 오늘 따라 기침소리 한마디라도 당신의 음
성이 너무나 그립습니다.

게발 선인장

찬 공기의 칼날이 무서워
온몸을 이불로 휘감고
두려움에 떠는 달팽이 되어
TV 화면에 위로를 구걸하고 있을 때

거실 구석 찬 바닥에 앉아
기세등등한 찬 공기에
맨몸으로 포위당한 선인장은
찬 공기를 비웃으며
빨아간 꽃망울을
뜨거운 기도로 피워 올리고 있습니다

무기력하고 연약한 달팽이는
꽃망울 속에 숨어 앉아
속삭이는 당신의 음성에
온몸의 핏줄이 꿈틀거립니다

"어서 일어나
거만한 칼날을 무참히 꺾어버리고
나의 사랑을 세상에 뿜어 올리는
선인장의 담대한 기도 음성을 들어라"

무릎으로 피워 올린 감사꽃 200 송이

120

감사의 편지 52

엄동설한 매서운 찬바람이 유리창을 사정없이 때리며 온 방안을 공격해 들어오던 어느 날, 저는 방안에 틀어 박혀 이불로 온몸을 감싸고 옹크린 채 TV의 채널을 이리저리 돌리며 구차한 위로마저 애걸하고 있었습니다.

그런데 난방도 되지 않은 거실 바닥에 놓여 있는 게발 선인장은 커다란 빨간 꽃망울을 터뜨리고 있었습니다. 너무나도 신기하고 예뻐서 한참 동안 딱딱한 몸을 뚫고 피어오른 연약한 꽃잎을 집중해서 바라보고 있었습니다.

그 때 선인장보다도 한없이 무기력하고 연약한 자신을 발견하게 되었고 꽃송이에 숨어서 나지막이 속삭이는 당신의 음성을 듣게 되었지요. 선인장은 마치 찬 바닥에 무릎을 꿇고 앉아 냉정하고 교만한 세상을 열렬한 사랑의 기도로 승리한 담대한 기도자의 모습으로 보였습니다. 평소에 등한시 하던 선인장을 통해서도 당신의 음성을 들려주시며 나태하고 소심한 믿음을 일깨워주시는 당신께 깊은 감사를 드립니다.

태양

날마다 쉬지 않고 날아오르는
태양의 날갯짓은
당신이 살아계시고
언제나 일하고 계신다는 증표

타 죽지도
얼어 죽지도 않게
적당한 거리로 원을 그리는
그의 날갯짓은
당신이 놀라운 능력의
소유자라는 증표

그를 선물로 주셨기에
모든 생물이
빛으로 빚어낸 꽃이나 열매로
당신께 감사의 찬양을 올립니다

언제, 어디에 있건
그를 만드신 당신을 닮아
어두운 세상을 향하여
사랑과 축복의 빛을 비추는
작은 빛살이 되게 하소서

감사의 편지 53

하루도 쉬지 않고 떠오르며 문안 인사를 하는 태양! 그것을 중심으로 적당한 거리를 유지하며 지구가 날마다 자전과 공전을 하며 사랑을 나누도록 만드신 법칙! 빛나는 작은 공처럼 보일 정도로 멀리 떨어져있지만 지구에 필요한 대부분의 에너지를 사랑의 기쁨으로 공급하도록 만드신 법칙! 적당한 햇빛을 받아야 행복한 잠이 오는 화학물질이 분비되고 햇빛을 오래 못 받으면 고독한 우울증이 걸리게 만드신 법칙!

인간과 사랑을 나누기 위해 그 거대하고 뜨거운 불덩이를 인간이 살기에 편리하도록 놀라운 법칙들을 적용하여 인간보다 먼저 창조하시고 헤아릴 수 없는 세월 날마다 완벽히 관리하시는 당신의 신비하고 놀라운 사랑과 능력을 어찌 모래알처럼 지구에 붙어 잠시 살다가 죽을 인간이 모두 다 이해할 수 있으리오!

인간의 식량을 위해 햇빛의 양을 4계절 적당히 조절하며 키워주시는 수많은 육지와 바다의 동식물들! 더구나 바라보면 즐겁고 행복해지도록 만드신 아름답고 향기로운 수많은 꽃과 나무와 열매들! 그것들이 없다면 인간이 살 수도 없겠지만 얼마나 이 땅의 환경이 삭막할까요?

그러한 귀한 선물을 주셨기에 지상의 모든 생물이 꽃이나 열매로 인간들에게 즐거움과 유익함을 선물하며 당신께 감사의 찬양을 하는데, 당신이 가장 사랑하는 인간들만이 당신을 부정하거나 원망하다니 이보다 더 큰 죄가 있을까요? 태양을 만드신 당신의 성품을 조금이라도 닮아 아직도 당신의 존재를 느끼지 못하는 어두운 가슴들에게 당신의 사랑의 빛을 비추는 작은 빛살이라도 되게 하소서!

폭풍우

폭풍우 몰아치는 산길을
홀로 걸으며
힘이 들어 넘어지기도 하고
주저앉기도 했지만

당신은 시간의 바퀴를 굴리며
인내심의 근육도 만들어주시고
당신께 끈질기게 매달리는
믿음의 근육도 단단하게 하셨습니다

몇 차례 넘어지고 주저앉는 훈련은
나약한 자들과 실패한 자들을
불쌍히 바라보는
따뜻한 눈을 만들어주셨습니다

이제는 힘이 들어
넘어져도 주저앉아도
당신이 손잡고 계심을
믿음의 눈으로 바라보면서
기쁨과 감사의 근육을 단련하며
당신을 찬양하고자 두 손을 치켜듭니다

무릎으로 피워 올린 감사꽃 200 송이

124

감사의 편지 54

　살다 보면 누구의 인생길에나 폭풍우를 만나는 때가 있겠지요. 저에게도 마찬가지였습니다. 대학 때 갑자기 난치병에 걸려 휴학을 하고 방황했던 일, 대학원 석사 과정 때 두 명의 귀신이 쫓아다니던 일, 최근에 사물이 이중으로 보이는 복시로 한 달 정도 장애인의 체험을 하게 된 일 등이 있습니다.

　그럴 때마다 연약한 저는 담대한 신앙심으로 굳건히 인내하지 못하고, 걱정과 불안으로 떨며 두려워했었지요. 하지만 꽃 피는 봄이 있으면 눈보라 치는 겨울이 있듯이, 인생의 계절엔 누구에게나 4계절이 있다는 걸 깨닫게 하셨습니다. 뿐만 아니라 어떤 힘든 경우든, 당시에는 견디기가 몹시 힘들어 슬픔과 좌절을 경험하기도 하지만, 당신께서는 결코 감당치 못할 시련을 주시지 않는다는 것도 확신하게 하셨습니다.

　사라질 것 같지 않은 사나운 폭풍우가 머지않아 사라질 때, 햇빛 찬란한 맑은 날이 더욱 더 귀중한 선물로 여겨지듯이, 힘든 경험을 통과하는 시간도 결코 나쁜 것만은 아니라는 것을 깨닫게 되었지요. 힘들었던 만큼 저도 모르는 사이에 인내심의 근육도 커지고, 믿음의 근육도 단단해지고, 힘든 처지의 나약하고 실망한 사람들도 긍휼히 바라볼 수 있는 따뜻한 눈과 가슴도 생겼답니다.

　이 모든 것들이 사랑이 많으신 당신이 더욱 더 겸손하고 훌륭한 자로 사용하시기 위한 훈련이라는 것을 바라볼 수 있는 믿음의 시력을 높여주심에 감사드립니다. 앞으로는 어떤 폭우가 온다 해도, 기쁨과 감사의 근육을 단련시키기 위해 당신이 영혼의 손을 굳게 잡고 계심을 믿게 하소서!

보름달

한치 앞도 안 보이는
캄캄한 밤길을
환한 미소로
동행하는 님

말없이 앞장서서
밀려오는 두려움을
내몰고 가며
자갈길도 꿈을 깔아
황금 길로 만들고

어두운 골짜기에
주저앉아 있을 때나
가파른 언덕길에
넘어져 있을 때는
걸음을 멈추고서
감싸 안고 기다리니

어떤 연인보다도
은근하고
어떤 어머니보다도
숭고한
당신의 아름다운 선물입니다

달빛 같은
당신의 동행을
언제나 가슴 뛰며
감사하게 하소서

외로운 누군가의
밤길을 동행하는
작은 등불이 되게 하소서

무릎으로 피워 올린 감사꽃 200 송이

감사의 편지 55

　어린 시절 가로등도 없는 시골의 밤길을 환히 밝혀주던 보름달. 제가 가면 달도 가고 제가 서면 달도 서는 것을 신기하게 느끼며 밤길을 다녔습니다. 외딴집이나 산모퉁이를 지날 때면 두려움이 몰려오지만 이내 달빛이 먼저 가며 두려움을 쫓아주고 자갈길도 황금 길로 빛나게 하여 신비한 동화의 주인공으로 만들어주었지요.

　태양빛처럼 찬란하진 않지만 은은하고 신비한 빛으로 말없이 동행하며 때로는 다정한 연인처럼 때로는 마중 나온 어머니처럼 별들의 이야기를 속삭여주었지요. 마음으로 소원을 빌며 당신의 화신처럼 생각을 하기도 하였답니다.

　온갖 네온사인 불빛이 화려한 도심에 살다보니 달빛의 고마움을 잊은 지도 오래 된 것 같군요. 삶의 환경이 어떻게 변한다 해도 항상 변함없이 연인처럼 어머니처럼 동행하며 보살피는 달빛 같은 당신의 사랑에 감사를 드립니다.

　대중 속에 고독을 느끼며 힘든 밤길을 걸어가는 사람들을 위해 사소한 관심이라도 비추며 함께 걸어가는 작은 불빛이 되게 하소서! 특별히 어두운 골짜기에 주저앉아 신음하고 있거나 가파른 언덕길을 오르며 진땀 흘리는 자들을 위해 당신의 사랑을 따뜻한 글로 반사하는 다정한 친구가 되게 하소서!

어둠

질병이나 슬픔의 불청객이
갑자기 찾아오면
걱정과 두려움의 먹구름에 휩싸인 마음은
희망의 빛을 점차 잃고
절망의 캄캄한 굴에 갇혀
어둠을 원망하기 일쑤입니다

질병이나 슬픔의 불청객이 사라지고
절망의 굴에
가느다란 희망의 빛줄기가 들어오면
마음은 기적처럼 찾아온 빛에
기쁨과 감사의 눈물을 펑펑 흘립니다

공기처럼 물처럼
하찮은 소모품으로 깔보던
빛의 진가를
원망하던 어둠을 통해
새롭게 보게 하시니
당신의 섭리에 소름이 돋습니다

흘긴 눈초리로 바라보며
깔보고 원망하던
캄캄한 어둠도
당신의 위대한 선물임을
새로이 찬양 드립니다

무릎으로 피워 올린 감사꽃 200 송이

감사의 편지 56

　꿈과 의욕에 넘쳐 활동하던 젊은 한 때, 24시간이 낮이면 얼마나 좋을까? 왜 밤이라는 게 있어 인생의 삼분의 일을 잠으로 낭비해야 될까? 이런 생각을 한 때가 있었습니다. 게다가 질병이나 슬픈 일이 생겨 걱정과 두려움으로 마음이 어두워지면 어둠을 무가치한 것으로 여기며 원망하기까지 하였습니다.

　그러나 인생의 연륜이 쌓일수록, 밤과 어두움의 고마움을 조금씩 깨닫게 되었습니다. 밤이 있기에 낮의 힘든 일을 멈추고 휴식의 여유와 마음의 평화를 누리며 피로를 풀 수도 있으니까요. 낮의 시간은 빈부나, 지위고하에 따라 하는 일의 힘든 정도도 많이 다르지만 밤의 휴식은 대부분의 사람들에게 공평하게 주어지니 더욱 고마운 마음이 듭니다.

　특별히 질병이나 고민거리로 마음이 어둡다가 기쁨과 희망의 빛을 발견했을 때, 어둠의 선물을 통해 되찾은 빛의 진가를 새롭게 깨달을 수 있게 되니, 빛도 어둠도 인생에 다채로운 의미를 던져주는 당신의 위대한 선물임을 실감하며 감사드립니다.

　하물며 제한된 시간과 환경에서 잠시 살다가 죽는 인간이 당신이 만드신 어떤 것의 가치를 함부로 판단하는 자체가 어리석은 인간의 편견임을 깨닫습니다. 당신의 존재를 함부로 부인하는 자들의 교만을 불쌍히 여겨주시고 용서하여주소서!

포도나무

황량한 사막에서
오아시스를 찾아
땀 흘리고 몸부림치다
향기 있는 꽃 한 송이
피우지 못한 채
쓸쓸히 메말라 죽어갈
허무한 잡초를

아무런 대가도 없이
당신의 몸에 접붙여주시고
언제나
사랑과 은혜의 온갖 진액을
쏟아 부어주시니
감사의 이파리를 마구 흔들어
춤을 춥니다

세월이 흐를수록
당신의 성품과 의도의 빛깔이
곱게 물든 열매가
주렁주렁 열리어
수많은 허무 병 환자들에게
나눠주게 하소서

때때로
당신의 잔소리가
아무리 듣기 싫어도
당신을 떠나
자유롭게 살고 싶다는
철없는 헛소리는
하지 말게 하소서

무릎으로 피워 올린 감사꽃 200 송이

감사의 편지 57

인생의 연륜이 쌓여갈수록 수많은 사람들은 무거운 중압감을 느끼며 '갈수록 태산. 고해 같은 인생. 죽자니 청춘, 살자니 고생' 등의 말을 공감하며 힘겨운 나날을 살아갑니다. 도시의 많은 사람들은 각자 아파트 문을 걸어 잠그고 시멘트 숲속에서 이름 없는 잡초로 살아갑니다.

저도 대학입시를 앞둔 고등학교 때부터 치열한 경쟁사회에서 남들보다 유명한 사람이 되거나 부유한 사람이 되는 것이 얼마나 어려운지를 절감하였죠. 대학 때 희망찬 야망에 부풀어 공부에 집중할 때 갑자기 찾아온 난치병으로 절망의 나락으로 떨어져 불공평한 삶 자체와 당신마저 원망하게 되었습니다.

그 때 당신은 아무런 책망도 없이 저의 마음속에 찾아와 유일한 희망과 용기가 되어주시며 메말라 죽어가는 잡초인 저를 당신의 포도나무에 접붙여 주셨습니다. 그때부터 저는 당신의 사랑과 은혜의 진액을 공급 받으며 인생의 길이요 진리 되는 당신의 뜻을 기쁨과 감사함으로 따라가며 좌절과 허무 병에 걸려 살아가는 자들에게 당신의 희망의 빛을 전하는 강의와 책의 열매들을 맺어가며 살아가고 있습니다. 당신의 포도나무 가지가 되게 하신 당신을 찬양합니다!

연단의 채찍

눈보라 찬바람의
채찍을 맞은 후
짙은 향기 풍기는
라일락꽃처럼

고난의 채찍이
지난 후에는
영광의 꽃이 피어나리니

때때로 채찍을 맞으면서도
영광의 꽃을 바라보며
사랑의 채찍을 휘두르는 당신께
감사의 노래를 부릅니다

고난의 채찍이
강할수록
꽃의 향기도
진하게 하실 줄
믿습니다

무릎으로 피워 올린 감사꽃 200 송이

감사의 편지 58

소담스럽고 향기로운 봄꽃, 라일락. 아마도 찬바람과 눈보라를 견뎌내는 눈물겨운 인고의 기도가 있었기에 감격에 찬 향기로 당신께 찬양하는 것이 아닐까요? 마치 봄부터 소쩍새가 눈물의 기도를 통해서 향기 짙은 한 송이 국화꽃을 피워낸 것처럼 말이죠.

세상의 속담에도 '크게 울어본 자만이 크게 웃을 수 있다' 는 말이 있습니다. 다시 말하면 큰 고난을 겪어본 자만이 큰 기쁨이나 행복의 진가를 알수 있다는 말이겠지요. 당신은 고난 뒤에 영광이 있다는 걸 십자가의 죽음과 부활로 직접 보여주셨지요.

일반적으로 고난이 닥쳐오면 왜 자신에게만 이런 고통이 있느냐고 원망을 하기가 일쑤입니다. 하지만 고난이 지난 뒤에 생각해보면 고난을 겪어내기가 그렇게 쉬운 것만은 아니지만 고난이 주는 유익도 많은 것 같습니다. 어느 책이나 학교에서도 배울 수 없는 겸손, 인내, 용기 등을 온몸으로 체득하게 됩니다.

특별히 고난을 통해 얻을 수 있는 유익과 미덕이 있기에 사랑이 많으신 당신께서 고난의 시련을 통해 연약하고 모난 인격의 훈련을 시키는 것이 겠지요. 고난의 채찍이 강할수록 그 만큼 영광의 꽃의 향기도 진할 거라는 믿음으로 사랑의 채찍을 감사함으로 받아들이게 하소서! 고난의 보자기 속에 쌓여있는 축복의 보물을 볼 수 있는 영안(靈眼)의 시력을 항상 잃지 않게 하소서!

민들레

아파트 시멘트 길
좁다란 틈바구니에
집을 짓고

꽃망울을 시샘하는 칼바람이
온몸을 삼킬 듯
거세게 휘몰아쳐도

가녀린 허리를 휘청대며
지친 가슴마다
노란 미소를 나눠주는
아기 천사를 선물로 주시니
해맑은 미소를
감사의 제물로 드립니다

당신을 시샘하는 칼바람이
거세게 몰아칠수록
바람을 타고 더욱 더 멀리 나는
민들레 홀씨 되어
당신의 향기를
이곳저곳 나누게 하소서

감사의 편지 59

꽃샘추위의 칼바람이 몰아치는 어느 봄날, 아파트를 나서다 눈에 띈 민들 레 한 송이. 흙도 전혀 없는 시멘트 틈바구니에 집을 짓고 가녀린 허리를 휘 청대며 추위에 잔뜩 움츠러든 길손들 가슴에 노란 미소를 나눠주고 있는 아 기 천사를 선물로 주시니 감사드립니다.

물질만능이 낯은 겁 없고 이기적인 세상은 개발이라는 미명 하에 당신이 주신 온갖 자연의 선물들을 훼손하며 각종 공해를 일으키고 자멸의 시계를 빠르게 돌리고 있습니다. 그것도 모자라 건방진 문명의 후손들은 컴퓨터나 스마트 폰이라는 장난감 기계를 만들어 놓고 익명성을 이용하여 당신의 이 름마저 모독하고 있습니다.

사이버 세상에 중독된 네티즌들은 날이 갈수록 악독한 말을 만물의 주인 인 당신은 물론, 인간의 기본적 윤리조차 무시하고 전 세계를 향하여 폭풍 처럼 쏟아내고 있습니다. 그들이 쏟아내는 잔인한 칼바람이 아무리 거셀지 라도, 그 바람을 타고 오히려 멀리 나는 미소 천사 민들레 홀씨 되어, 당신 의 이름과 향기를 널리 전하게 하소서! 세상의 칼바람 속에서도 당신이 언 제나 동행하시고 사랑의 손길로 도와주시니, 기쁨과 감사의 온천수가 가슴 에 충만합니다!

나비

알 깨고 애벌레 되기,
몇 차례 허물 벗기,
번데기로
찬바람과 눈보라 견디기

온갖 모진 훈련의 피눈물로 빚어낸
가냘픈 날개를 파르르 떨며
하늘 향해 날아오르는
아름다운 춤의 공연을 보여주시니
눈물겨운 감격의 노래를 부릅니다

시련의 고개를
만날 때마다
하늘 향해 날아오르는
나비의 꿈을 꾸며
용기의 날갯짓을
끊임없이 하게 하소서

무릎으로 피워 올린 감사꽃 200 송이

감사의 편지 60

하늘하늘 얌전히 날갯짓을 하며 꽃밭을 날아다니는 나비. 그저 예쁘고 귀엽게 생긴 풀잎처럼 연약한 것이라고 얕잡아 보던 미물. 그런데 그가 어떻게 오늘의 비행사가 되었는지 인터넷 사전을 통해 알게 되고는 깜짝 놀라 숙연해졌습니다.

땅바닥에 있는 조그만 알이 하늘을 나는 비행사가 되는 상상할 수 없는 큰 꿈을 실현하기 위해, 엄청난 모진 시련과 훈련을 견뎌내고 오늘의 멋진 공연을 할 수 있도록 인도하신 당신의 섭리에 깜짝 놀라 눈물겨운 감격의 노래를 부릅니다.

저의 삶에도 당신이 주신 상상할 수도 없는 큰 꿈이 있겠지요? 그것이 무엇인지 지금 당장 알 수는 없지만 당신이 주신 꿈이 있다는 걸 믿고 당신의 인도하심에 하루하루 기도하며 순종하다 보면 나비처럼 멋진 꿈이 실현되는 날이 오겠지요. 시련의 고개를 만날 때 마다 당신이 계획하신 위대한 꿈을 위한 훈련이라고 믿고 용기의 날갯짓을 끊임없이 하게 하소서!

당신이 아무리 위대한 목적과 계획을 세워 놓으셨다 해도, 포기하면 그 순간 끝이라는 생각으로, 견디기 힘들 때마다 마침표 대신 쉼표를 찍으며 하늘을 날아오르는 미래의 멋진 공연을 기대하면서 꿈을 포기하지 말게 하소서! 당신의 은밀하고 위대한 목표를 신뢰하며 현재의 참기 어려운 고통의 신음도 감사의 노래로 바꿔 부르게 하소서!

매미

땅속에서
수액만으로 목숨 줄 붙잡고
하늘 비행을
꿈꾸던 수도자

10여 년 시간의 비웃음을 견디고
껍질과, 그 속에 젖어있는
모든 고통의 기억을 던져버린 후
은빛 날개를 펼치고
높다란 나무 가지에 날아올라
애절한 곡조의 찬양을 올립니다

단지 한 달
찬양하기 위해
10여 년 가슴속 돌이 된 한(恨)을
기도의 눈물로 녹여낸
위대한 수도자의 찬양을 듣게 하시니
눈물이 파도칩니다

미풍처럼 스치는
일상의 고통도
소리 없이 잠재우지 못하고
수시로 불평이 부글대는 가슴은
수도자의 찬양을 들으며
인내의 알맹이를 새로이 곱씹어봅니다

감사의 편지 61

10여 년 굼벵이로 땅속 감옥에 갇혀 오직 수액만으로 목숨을 부지하며 하늘 비행을 꿈꾼다니 도저히 믿어지지 않습니다. 그것도 단지 한 달 만을 비행하기 위해 온갖 말할 수 없는 고난을 인내하는 그는 '위대한 수도자'라 해도 전혀 지나치지 않다고 여겨집니다.

10여 년 만에 껍질과 그 안에 쌓인 모든 고통의 한을 기도로 다 녹여버리고 은빛 날개를 펴고 나무에 올라 찬양하는 그를 어찌 미물이라고 무시하거나 시끄럽다고 말할 수 있을까요?

위대한 수도자의 사연을 알고부터는 그의 애절한 찬양을 들을 때마다 온몸에 감동의 전율이 일어납니다. 일상의 스쳐가는 작은 고통도 쉽사리 불평하는 헛똑똑이에게 인내의 진정한 미덕을 가르치기 위해 그를 만드신 걸까요?

오늘도 창밖의 나무에 매달려 바이올린보다 더 정교한 음색으로 온몸을 떨어가며 연주하는 수도자의 찬양을 듣게 하시니 이 성미 급한 철부지는 말로 감사를 다할 수 없습니다. 그 10여 년 고통을 찬양으로 승화시킨 위대한 연주를 들으며 '고난 뒤에 영광이 온다'는 당신의 말씀을 가슴 깊이 되새겨봅니다.

은행잎

찬바람이
나무를 가볍게 흔들자
바람의 온도로
하늘의 뜻을 감지한 그들은
저항의 몸부림조차 없이
조용히 몸을 던집니다

뜨거운 태양이
이글이글 쏘아보는 계절에도
초록빛 옷을 곱게 차려입고
조용히 청순한 미소로
가슴을 뛰게 하던 그들이었는데
생을 마감하는 계절에도
샛노란 옷을 곱게 차려입고
조용히 매혹적인 미소로
가슴을 뛰게 합니다

비가 오나 바람이 부나
제자리를 지키며
당신이 맡긴 사명을
스스로 수절하다가
조용히 아름답게
몸을 던지는 그들처럼

만나는 자마다
아름다운 미소로
가슴 뛰게 하다가
당신의 바람으로
하늘의 뜻을 감지하고
조용히 몸을 던지게 하소서

감사의 기도 62

가을 철 가로수 길을 노랗게 수놓아 메마른 가슴에 사춘기 학창시절을 새삼 그리움으로 추억하게 만드는 감성 회복제. 수북이 쌓인 은행잎이 바람에 나부끼는 거리를 거닐며 곱게 물든 은행잎을 그냥 지나칠 수 없어 책갈피 여기저기에 끼워 넣곤 했었지요.

태양이 이글대는 여름철에도 초록빛 옷을 곱게 차려입고 청순한 미소로 상쾌한 기쁨을 주던 그들이었는데 바람의 온도로 하늘의 뜻을 깨닫고 몸을 던져 생을 마감하는 그 순간에도 샛노란 옷을 갈아입은 채 조용히 매혹적인 미소로 가슴을 설레게 합니다.

언제나 변함없이 제 자리를 지키다가 당신이 부여한 사명을 오롯이 감당하고 품위 있게 세상을 하직하는 그들은 죽어서도 인간에게 온갖 선물을 줍니다. 향기로운 차로 몸을 녹여 마지막 체액까지 혈액순환, 심장병, 탈모, 폐 기능, 기억력 등을 개선시키는 제물이 되지요.

온갖 불평을 일삼으며 자기의 이익과 편안함만 생각하는 인간들에게 당신의 사명을 묵묵히 수행하며 아름답게 살다가 아름답게 생을 마감하는 본보기를 선물하신 당신께 감사를 드립니다. 하늘이 높푸른 가을 날 노오란 가로수 길을 거닐며 당신의 사랑을 온몸으로 느끼게 하시니 감사의 미소를 당신께 바칩니다.

석양

바라보기에
눈이 부시지도 않고
정열이 한낮처럼
뜨겁지도 않지만

하늘과 하나 되어
곱게 피어 있는 그는
장미보다도
고상하고 우아한 꽃

노년의 삶은
남들에게 눈이 부시거나
뜨겁지는 않을지라도

당신의 뜻과 하나 되어
품위 있게 스러지는
석양 꽃 되길 원합니다

찬바람이 시도 때도 없이
텅 빈 가슴을 휘감는 때에
새로운 고운 안경을 씌워주시고
석양 꽃을 바라보게 하시니
감사가 온 가슴에 붉게 물듭니다

무릎으로 피워 올린 감사꽃 200 송이

감사의 편지 63

해질 무렵 하늘에 장미보다도 고상하고 우아하게 피어있는 한 다발 꽃. 하늘과 하나 되어 붉게 물들인 색상이 어쩌면 그렇게 아름답고도 자연스러운지요. 어떤 화가도 흉내 낼 수 없는 당신만의 탁월한 작품인 것 같습니다.

노년의 삶은 자신의 빛만을 온 천하에 과시하는 거만한 한낮의 태양처럼 눈이 부시지도, 정열적이지도 않지만, 오히려 부드러운 빛으로 하늘과 조화되어 조용하고도 품위 있게 스러지는 겸허한 석양 꽃 되기를 원합니다.

당신이 함께 하는 곳이면 그 어디나 행복한 천국이라 하면서도, 한 해 두 해 나이가 들수록 무의식적으로 찬바람이 텅 빈 가슴을 휘감는 기분에 빠질 때가 있습니다. 그럴 때마다 당신을 믿음으로 바라보는 내가 왜 이러지 하며 깜짝 깜짝 놀란답니다.

그러던 어느 날 당신은 고운 안경을 씌워주시고 한낮의 태양보다 비교도 안 되게 아름답고 우아한 석양 꽃을 바라보게 하셨습니다. 이제는 수시로 찬바람이 스산하게 가슴을 스쳐도 새로운 믿음의 고운 안경을 씌워주시고 스러지는 석양 꽃을 자화상처럼 편안하고 행복하게 바라보게 하시니 감사가 온 가슴에 붉게 물듭니다.

겨울나무

한 동안
뭇 사람의 발길을 붙잡고
눈길을 매혹시켜던
잎과 꽃의 보석들을
하나도 남김없이 스스로 떨쳐버리고

찬바람의 채찍을
십자가의 당신처럼
의연히 맞으며
부활의 때를 기다리며
손들고 기도하는 스승을
마음의 옷깃을 여미고
경탄의 눈으로 바라봅니다

부활의 그 날을 위해
자기 이름을 빛내주는 보석들조차
과감히 던져버리는
스승의 담대한 용기를
하루 속히 본받기 위해
손들고 기도하게 하소서

감사의 편지 64

한겨울 쌩쌩 부는 찬바람을 맞으며 서 있는 나무들을 바라보며 잠시 생각에 잠겨봅니다. 봄에는 매혹적인 꽃과 향기로, 여름에는 싱그러운 잎으로 뭇사람의 시선과 발길을 사로잡던 그들인데, 지금은 작은 이파리 하나 남김없이 버린 채 하늘 향해 손들고 애절히 울부짖고 있습니다.

억울한 누명과 비난의 채찍을 맞으면서도 아버지의 뜻을 이루려 맨살을 드러낸 채 사형 틀에 달려 '내 뜻대로 마옵시고 아버지의 뜻대로 하옵소서' 피눈물로 기도하신 당신처럼, 찬바람의 모진 채찍을 맨살로 맞으면서도 하늘의 뜻에 순종하며 부활의 때를 위해 두 손 들고 울부짖어 기도하는 그들의 모습을 경이롭게 바라봅니다.

당신의 뜻과 나라를 언제나 먼저 구하며 나의 욕심을 버려야 한다고 말로만 되뇌는 어리석은 자에게 당신의 뜻과 부활을 위해 자신의 명예와 영광을 빛내주는 꽃과 잎의 보석들을 과감히 던져버리고 뭇사람의 냉대를 아랑곳하지 않고 하늘만 향해 기도하는 스승들을 보게 하시니 부끄럽고 숙연한 마음으로 감사의 기도를 드립니다.

제 4 부   구원의 선물

불가해한 당신

가난의 올가미를 벗으려
세상의 보물을 찾아
열심히 노력한 죄 뿐이 없는데
왜 하필 나를
이 같은 수렁에 빠뜨리느냐고
원망하고 저주한 자를

당신은
꾸짖는 말 한마디
따끔한 회초리 한 대 없이

절망만으로 굳게 얼은 가슴에
기쁨과 소망의 온천을 터뜨려주시고
진짜 보물이 가득한 나라
영주권을 공짜로 주셨습니다

저만의 이익과 안일만 계산하며
세상의 보물에 눈이 멀었던 욕심쟁이가
당신의 왕좌를 스스로 팽개치고
내 죄를 뒤집어쓰고 사형 틀에 달리며
보물 나라 영주권까지 선물하신 당신을
어찌해야 조금이라도 헤아릴 수 있을까요

무릎으로 피워 올린 감사꽃 200 송이

감사의 편지 65

　당신이 처음으로 찾아오신 것은 대학교 3학년 때였어요. 고시를 준비하다 난치의 병으로 휴학을 하고 시골집에서 날마다 절망의 수렁을 허우적거릴 때였어요. 가난을 벗어나 보려고 열심히 공부하며 살아온 나에게 왜 이런 고통이 주어졌느냐고 당신마저 원망하고 저주하던 때였지요.

　그러던 어느 날, 투병 중에 그룹 과외를 받던 한 여학생이 자신이 다니는 교회의 부흥회에 동행해주었어요. 암담하던 저의 가슴에 들려오는 설교자의 말씀은 그 어떤 교수의 강의보다 관심을 끌었고 가슴을 뜨겁게 했습니다. 그날부터 저는 만약에 당신이 살아 계시다면 살려달라고 애절하게 당신께 매달렸습니다.

　그 후, 설교와 성경 말씀을 통해 조금씩 당신을 알아가게 되었고, 어두운 마음에도 희망의 빛을 느끼며 조금씩 질병도 회복되기 시작했습니다. 휴학한 지 일 년이 흐르자, 질병을 거의 회복하고 복학을 하여 무난히 졸업까지 하게 되었죠.

　절망의 수렁 속에서 죽을 수밖에 없는 자를 불쌍히 여기시고 찾아오셔서 치유의 은혜를 베풀어주신 당신. 저의 죄 값을 대신 치르시고 갱생의 기회를 주시려고 2000여 년 전에 억울한 죄명을 항변치 않고 사형 당하신 당신의 크고 깊은 사랑을 어떻게 이해하고 무엇으로 감사할 수 있을까요? 생명의 은인인 당신께 무한 감사와 찬양을 올립니다!

십자가

저의 죄와 허물이
당신의 온몸에 대못을 박고
저의 질병이
당신의 온몸을 채찍으로 찢었는데도

오늘도
입술로만 사랑을 노래하며
당신의 몸에 대못을 박고
채찍을 내리칩니다

이 뻔뻔한 자 대신
오늘도 못 박히시고
채찍을 맞으시며
피 흘리시는 당신 앞에
무릎을 꿇을 뿐입니다

"만일 아버지의 뜻이어든
이 잔을 내게서 옮기시옵소서
그러나 내 원대로 마옵시고
아버지의 뜻대로 되기를 원하나이다"

온몸의 세포를 칼로 도려내는 통증으로
소리치는 당신의 절규를
세포마다 새기고 또 새기며
당신이 주신 사명의 십자가를
감사의 노래 부르며
지게 하소서

무릎으로 피워 올린 감사꽃 200 송이

감사의 편지 66

'어머니'라는 세 글자를 들을 때마다 가슴이 찡하게 절여오는데, 영생의 선물을 주시려고 저의 죄와 질병을 대신 지시고 말할 수 없는 수모와 고통을 당하며 돌아가신 십자가를 보아도, 무덤덤하게 쳐다볼 때가 더 많은 뻔뻔한 죄인임을 또 다시 고백합니다.

기도를 하거나 설교를 들을 때만 가끔씩 당신이 당하신 고통을 막연히 상상하며 입술로만 당신의 사랑과 감사를 노래할 뿐, 일상의 삶 속에선 십자가의 사랑을 까맣게 잊어버리고 치열한 생존경쟁에서 살아남기 위해 당신 죽음의 고귀한 뜻을 배반하는 일들을 심각한 고민조차 하지 않고 저지르며 당신의 가슴에 대못을 박고 채찍을 내리치는 파렴치한 죄인입니다.

당신은 채찍을 맞고 대못에 박히며 죽으면서도 살려달라고 애원하기는커녕 아버지의 뜻대로 되기를 원한다고 하시며 마지막 피 한 방울까지 쏟으셨습니다. 아무리 견디기 힘든 삶의 고통을 겪을 때라도, '내 원대로 마옵시고 아버지의 뜻대로 되기를 원하나이다'라는 당신의 피 끓는 절규를 기억하고 또 기억하며 당신이 주신 사명의 십자가를 감사한 마음으로 지게 하소서!

주홍 글자

죄를 지을 때마다
주홍 글자 한 자씩
온몸에 새긴다면

수십 년 날마다 순간마다
손발과 눈
머리와 가슴으로 지은 죄
새겨 넣을 세포가 남아있을까요

문신을 온몸에
뱀처럼 휘감고도
주식(主食)처럼 먹고 마시는
붉은 죄를

사랑하는 외아들
살을 찢고 쏟은 피로
흰 눈처럼 지우시는 당신께
무릎 꿇고 사죄의 눈물
감사의 눈물을 흘립니다

이제는 죄를 먹고 마시는
자유의 울타리를 막으시고
당신의 감옥에서
영원한 노예로 살게 하소서

무릎으로 피워 올린 감사꽃 200 송이

감사의 편지 67

〈주홍글자〉란 호돈의 소설을 읽어보면 헤스터라는 유부녀와 목사의 간음 사건에 대한 죄의식의 문제를 다루고 있습니다. 헤스터는 간음 사건이 밝혀지자 가슴에 주홍글자 A를 달고 마을 사람들로부터 온갖 수모를 당하며 마을에서 추방됩니다. 죄를 숨기고 사는 목사는 마음의 고통으로 몸부림치다가 결국엔 스스로 자백을 하게 되지요.

성생활이 지극히 문란한 오늘날, 간음한 사람에게 주홍글자 A를 달게 한다면 얼마나 많은 사람들이 A자를 달게 될까요? 하물며 죄를 지을 때마다 주홍글자를 달게 한다면 어떨까요? 수십 년 머리와 가슴으로 지은 죄를 표시한다면 몸에 남을 공간이 있을 자가 없을 것입니다.

이 못난 당신의 제자는 당신을 사랑한다고 입술로는 날마다 고백하면서도 날마다 자기중심적인(self-centered) 생각과 욕망의 죄를 먹고 마시고 있습니다. 회개할 때마다 당신의 외아들이 형틀에서 살을 찢고 흘린 피로 제 몸에 새겨진 주홍글자들을 하얗게 지우시는 당신의 모습을 상상하며, 사죄의 눈물과 감사의 눈물을 흘립니다.

이렇게 부끄러운 모습으로 살 바에는 죄를 지을 수 없는 당신의 감옥에서 영원한 노예로 살고 싶습니다. 당신의 감옥은 죄가 들어올 수 없는 사랑의 감옥일 것이요, 당신의 노예는 당신의 말씀만 순종하는 영광스런 종이라고 확신합니다. 사랑하는 당신이여, 죄를 짓지 않고 살도록 강권적으로 역사하여 주소서!

침묵의 눈빛

욕심의 작은 주머니 하나
채우지 못해
가슴을 두드리며 투덜대는 자가
사지에 못 박히면서도
침묵한 당신의 눈빛을 헤아릴 수 있을까요

작은 충치만 있어도
온몸에 진저리를 치는 자가
채찍에 살점이 떨어지면서도
침묵한 당신의 눈빛을 헤아릴 수 있을까요

차선을 조금 넘어 왔다고
빵빵거리며
분노의 혓바닥을 휘두르는 자가
조롱의 돌팔매질을 당하면서도
침묵한 당신의 눈빛을 헤아릴 수 있을까요

견디기 힘든 통증이나
억울한 일을 당할 때마다
십자가 앞에 엎드려
침묵한 당신의 눈빛을 헤아리며
감사의 눈물을 흘립니다
커다란 용기를 가슴에 담습니다

무릎으로 피워 올린 감사꽃 200 송이

감사의 편지 68

살아가면서 골치 아픈 문제가 생기면 스스로 삭히지 못하고 가족이나 친구들에게 불평을 털어놓거나 하소연을 할 때가 많이 있습니다. 하물며 남에게 부당한 무시를 당하거나 억울한 누명을 쓸 때는 말할 것도 없이 화를 내며 잘잘못을 따질 때가 일쑤입니다.

이런 인격의 제가 억울한 누명을 쓴 당신께서 조롱의 돌팔매질을 당하고 십자가에서 못 박히고 채찍을 맞으면서도, 견딜 수 없는 고통을 침묵하신 당신의 깊은 뜻을 어찌 알 수 있을까요?

온갖 모욕의 고통 중에서도, 고통을 가하는 자들이 어리석고 무지해서 그렇다고 불쌍히 바라보시며 저들과 온 인류의 죄를 대신 짊어지시고 그들의 구원을 위해 십자가를 지시는 사명을 묵묵히 행하신 당신의 눈빛을 어찌 헤아릴 수 있을까요?

손톱 밑에 작은 가시만 박혀도 고통을 견디지 못하는 연약한 자가 대못에 박혀 죽기까지 저의 영혼을 사랑하신 바다 같은 당신의 사랑과 은혜를 어찌 이해할 수 있을까요? 다만 힘들거나 괴로운 일을 당할 때마다 십자가의 당신을 생각하며 감사하고 또 감사하며 삶의 용기를 얻을 뿐입니다.

한 배를 타신 당신

호화로운 영광의 배를 버리시고
침몰해가는 조각배에 오르시어
고난과 죄와 죽음의 짐을
대신 짊어지시고
당신의 나라 온갖 보화를 주시려고
인생의 험한 바다를 노 저어가시는
당신 사랑의 깊이와 넓이는 얼마인가요

같이 타기만 하면 된다고
선장을 믿기만 하면 된다고
오늘도 타전을 하시는데
고난과 죄와 죽음의 짐을 홀로 지고
풍랑의 바다를 허우적대며
살아보겠다고 아우성치는 수많은 군중

당신을 배에 모셨다고
혼자서 콧노래를 부르며
아우성치는 군중을
구경만 하지 말게 하시고
허우적대는 자들을 급히 찾아가
선장의 전보를 건네게 하소서

무릎으로 피워 올린 감사꽃 200 송이

감사의 편지 69

예로부터 수많은 사람들은 인생을 망망대해를 홀로 가는 조각배 같다고 했습니다. 목적지와 방향도 모른 채 수시로 몰아치는 풍랑에 이리저리 흔들리고 아우성치며 온갖 고통의 짐을 홀로 짊어지고 한 치 앞도 볼 수 없는 하루하루를 살아보겠다고 안간힘을 쓰며 언제 닥쳐올지 모르는 죽음을 향해 침몰해가는 조각배!

이런 조각배를 불쌍히 여기시고 온갖 보화로 가득한 당신의 나라 영광의 배를 버리시고 험한 바다를 위태롭게 떠가는 인간들과 똑같은 조각배를 타시고 만인의 고통과 죄와 죽음을 대신 짊어지신 채 당신의 나라 가는 길을 안내하시며 선장으로 자신을 태우기만 하면 안전하게 살 수 있고 온갖 보화를 얻을 수 있다고 날마다 구조 신호를 애타게 보내시는 당신!

하지만 수많은 군중들은 당장 밀려온 거친 파도와 싸우느라 당신의 구조 신호를 귀담아 듣지 않은 채 허겁지겁 바쁘게 살아갑니다. 저도 그들과 다름없이 눈앞의 이해득실만 바라보며 무리하게 애쓰다 난치병에 걸려 사경을 헤맬 때, 당신이 저의 배에 올라오셔서 치유의 은혜를 베풀어주시고 새로운 소망을 주셨습니다. 이제는 저만의 행복에 안주하지 말고 저같이 고통받고 방황하는 자들에게 당신이 구조해주신 생생한 체험의 편지를 뜨거운 심장의 혈서로 날마다 쓰게 하소서!

발을 씻기신 당신

좀 더 크고 좋은 것을
손에 넣고자
당신의 눈에
아부의 눈빛을 던지는
제자들을 앉혀놓고

낮은 자의 냄새나는 발을
씻기는 것이
진정 큰 자, 복 있는 자임을
손으로 문지르며 가르쳐 주신 당신,

진정한 스승이라고
당시의 제자들처럼
머리를 끄덕이며
입술로는 존경을 말하면서도

구걸하는 장애인을 볼 때마다
당당히 외면하는
이 자의 가슴속엔
제자의 양심이 숨이라도 쉬는 걸까요

제발
소유욕과 명예욕에 중독되어
찌들고 굳어버린 양심을
제자들을 씻기던 그 손으로
말갛고 부드럽게 씻어 주시며

'섬김을 받으려하지 않고
섬기는 것이
진정 큰 자, 복 있는 자' 라는 음성이
당신의 손길을 타고
양심의 실핏줄 하나까지
깊숙이 스며들게 하소서

감사의 편지 70

당신이 곧 세상의 정치적 큰 거물이 될 것을 기대하는 메시아관(觀)을 가지고 당신에게 서로 잘 보여 좀 더 높은 위치를 차지하려는 속셈을 가진 제자들을 간파하시고 친히 섬김의 가치관을 보여 낮아짐으로써 높아지는 역설적 진리를 가르치려고 제자들의 발을 씻긴 당신의 속 깊은 심정을 그 어떤 제자가 헤아릴 수 있었을까요?

베드로는 발을 씻기려 하자 당황하며 '주여, 주께서 내 발을 씻기니이까? 제 발을 절대로 씻기지 못 하시리이다' 라고 하며 스승을 지극히 존경하는 태도를 보였으나 당신은 오히려 '내가 너를 씻기지 아니하면 네가 나와 상관이 없느니라.' 하시며 의외의 단호한 반응을 보이셨지요.

결국은 모든 제자의 발을 씻기시고 '내가 너희에게 행한 것 같이 행하게 하려 본을 보였노라' 말씀하셨습니다. 당신은 인간들의 속물적 근성을 이미 다 알고 계셨기에 말보다도 씻기는 행동으로 당신의 교훈을 뼛속깊이 새겨주셨겠지요. 행동으로 본을 보이며 잊을 수 없는 교훈을 주신 당신께 깊은 감사를 드립니다.

이 자의 더럽고 딱딱한 양심도 수시로 씻어주시어 섬기는 자에 대한 당신의 뜻을 항상 잊지 않고 범사에 실행하는 삶이 되게 하소서!

부활한 당신의 가슴

삼일 만에
죽음의 문을 부수고 나와
제자들 앞에 서신 당신

제자의 옷을 벗어던지고
어부로 돌아간 베드로에게는
사랑의 고백을 세 번 씩이나 들으며
당신을 세 번 부인했던
부끄러운 상처를 싸매주시고

의심의 중병환자 도마에게는
못 자국과 창 자국을
보고 만지게 하며
보아야만 믿는 심장에
안 보고도 믿을 수 있는 강심제를
투여해주셨습니다

배반한 제자들에게
원망의 채찍을 휘두르지 않고
가슴속 상처를 일일이 만져주시며
숯불구이까지 직접 요리해주시는
당신의 넓은 가슴을 바라보며

왜 응답이 없느냐고
왜 응답이 느려터지냐고
수시로 베드로와 도마처럼
당신을 부인하고 의심했던
이 못난 제자는
새로운 기쁨과 용기가
핏줄마다 불끈 불끈 일어납니다

무릎으로 피워 올린 감사꽃 200 송이

감사의 편지 71

저는 고등학생이 되었을 때, 사람은 왜 살며 왜 죽어야 하는 것일까? 힘겨운 공부는 왜 해야만 하는 것일까? 결국은 죽을 텐데. 어느 날 궁금증을 견디지 못하고 선생님께 그런 질문을 했더니, 선생님은 쓸데없는 생각할 시간이 있으면 영어 단어 한 개라도 더 외우라고 핀잔을 주셨지요. 아버지께 물었더니 그런 걸 알면 내가 왜 농사를 지으며 고생을 하겠느냐고 반문하시며 한숨을 지었습니다.

이런 궁금증은 대학생이 되어 난치병으로 자살을 고민하기까지 해결되지 않았습니다. 신이 있다면 왜 나에게만 이런 죽을병을 주느냐고 당신을 부인하고 몸부림치며 절망의 어둠속을 헤맬 때, 당신은 저를 찾아 오셔서 영생의 선물을 주시었지요.

죽음을 초월하는 놀라운 소망의 선물을 받은 직후에는 너무나 기뻐하고 감사했지만 세월이 흐르면서 기도의 응답을 받지 못할 때마다 당신의 존재나 사랑을 의심한 적이 한두 번이 아니었습니다. 그러나 당신은 베드로나 도마보다도 어리석고 믿음이 나약한 제가 낙심할 때마다 여러 가지 예상치 못하는 방식으로 살아계신 당신을 체험케 하며 위로와 용기를 주셨습니다. 부활해서 살아계시는 당신은 존재의 최고의 이유이자 의미이고 소망입니다.

범사에 감사

우리 집은 왜 가난할까
난 왜 키가 작을까
우리 친척은 왜 잘 된 사람이 없을까

작거나 없는 것만을 보고
불평의 혀만 휘두르며
우울과 좌절의 늪을
허우적대던 자

가난의 훈련으로
적은 것도 감사하는 능력을 키워주시고
키가 작아서
겸손의 마음을 키워주시고
잘 된 친척이 없어서
당신만을 의지하게 하시니
당신의 오묘한 섭리에 놀랄 뿐입니다

작은 것도 약한 것도
당신이 사용하시면
큰 것보다 빛나게 하시리니
당신의 신비한 섭리를
믿음의 눈으로 항상 바라보며
범사에 감사하게 하소서

무릎으로 피워 올린 감사꽃 200 송이

감사의 편지 72

어려서는 힘겹게 일하시는 부모님을 보며 가난이 싫었고, 사춘기 때는 작은 키에 대한 열등감을 가졌습니다. 대학원을 졸업하고 교수채용에 응시할 때는 교수, 대학교 이사장, 국회위원 같은 부탁할 만한 친척이 없는 것이 불만이었습니다.

수년 전까지만 해도 가지고 있는 수많은 것들보다는 한두 가지 없는 것을 바라보며 안타까워 한 적이 많았지요. 간절히 애원하는데도 사랑이 많으신 당신이 왜 도와주지 않느냐고 불평하며 답답해하였습니다. 당신을 알기 전 옛 습관의 뿌리가 완전히 죽지 않고 남아 있었던 것이지요.

그러나 최근에 와서 영적인 눈으로 지난날을 돌이켜보니, 가난이나 키가 작은 것이나 출세한 친척이 없는 것도 저만을 위한 당신의 놀라운 목표와 영적 훈련 계획에 예정되어 있었다는 것을 깨닫게 됩니다. 사랑이 많으시고 전능하신 당신은 모든 개인을 그 사람만의 특별한 당신의 목표와 계획 하에 위대한 작품으로 창조하셨는데, 영적인 눈이 어두한 제가 저 중심의 세속적인 시각으로 타인들과 비교하며 제가 갖지 못한 타인의 장점을 불평했었지요.

늦게라도 저를 당신의 위대한 목표를 위한 최상의 작품으로 만드신 것을 깨닫게 하시니 무한 감사한 마음으로 당신을 찬양합니다. 세속적인 사람들처럼 이 땅에서의 소유에 더 이상 눈길을 두지 말게 하시고, 작고 약한 것도 당신이 함께 하시면 당신의 영광스런 목적을 위해 위대하게 빛날 수 있다는 있다는 것을 항상 영적인 눈으로 바라보며 당신만을 신뢰하고 따르게 하소서!

말씀의 군사들

마음의 강을 침범하려
마귀의 병사들이 호시탐탐
노리고 있습니다

어느 날 두려움이 갑자기 침범하여
잔잔하던 평안의 수면이
일렁이기 시작하자
당신은 강둑을 지키던 말씀의 군사에게
즉각 출동명령을 내립니다

"두려워 말라
내가 너와 함께 함이니라
놀라지 말라 나는 네 하나님이 됨이니라
내가 너를 굳세게 하리라
참으로 너를 도와주리라
참으로 나의 의로운 오른 손으로
너를 붙들리라"

당신도 광야에서 40일
물 한 모금 마시지 않고 탈진했을 때
'이 돌들이 떡 덩이가 되게 하라' 는
마귀의 잔인한 유혹을
말씀의 군사로 즉시 물리치는
시범을 보이셨지요

"사람이 떡으로만 살 것이 아니요
하나님의 입으로 나오는
모든 말씀으로 살 것이라"

날마다 부지런히
말씀의 군사들을 훈련하여
수시로 벌어지는 마귀와의 전투에서
언제나 승전가를 부르게 하소서

무릎으로 피워 올린 감사꽃 200 송이

감사의 편지 73

'하나님은 항상 너와 함께 있지만 마귀도 항상 네 옆에 있다' 라는 말을 들은 적이 있습니다. 실제 삶 속에서 하루에도 몇 번씩 그 말을 실감하게 됩니다. 항상 기도하며 말씀의 군사들로 무장하지 않으면, 하루에도 몇 번씩 마귀의 병사들이 침범하여 걱정과 두려움으로 심령을 괴롭힙니다.

대학원 석사과정 때 갑자기 2명의 마귀들이 수일 간 24시간 내내 따라다니며 온갖 공갈 협박을 하며 피를 말려 죽이겠다고 속삭여, 몸과 마음이 탈진하여 부모님이 계시는 시골로 피신한 적이 있습니다. 철야기도를 하며 마귀와 힘겹게 싸우던 그 다음 날 아침 피곤에 지쳐 누워 있을 때, 당신의 근엄하고 또렷한 음성이 바람처럼 가슴에 들려왔습니다. "어서 일어나 시편 143편을 읽어라." 그 말씀을 읽자마자, 마귀들은 한순간에 어디론가 달아났고 신비한 기쁨과 평안을 체험하였습니다.

그 때 마귀가 얼마나 잔인하고 무서운지도 실감하였고, 당신의 임재와 말씀의 위력도 절감하였습니다. 그 후로는 장난삼아서도 마귀가 실제로 있는지 알고 싶다는 말조차 꺼내지 않습니다. 날마다 당신이 주신 말씀들을 읽고 삶속에 적용하며 가슴속에 살아있는 군사들로 훈련하여 마귀와의 전투에 항상 대비하여 승리의 삶을 살게 하소서! 나약한 자를 마귀에게서 지켜줄 말씀의 선물들을 평생토록 사랑하고 감사하게 하소서!

부자가 아니어서

돈이 없어
구렁텅이에 빠져
허우적거릴 땐
돈을 철천지원수라 부르며
온몸을 엎드려
당신께 매달렸는데

돈이 조금 생기니
당신께 매달린 손을
어느새 놓아버리고
돈에게 몸을 기대어
콧노래를 부릅니다

수시로 돈이
든든한 주인이 되어
가슴속 보좌에
똬리를 틀고 있는 모습을 볼 때마다
온몸에 소름이 돋고
당신을 배반한 자신이 부끄러워
고개를 무릎에 묻습니다

부자가 아니어서
때때로 돈을 달라며
아버지, 당신께
아이처럼 매달리게 하시는
고요한 심연(深淵) 같은 부정(父情)에
감사의 흐느낌으로
찬양을 연주합니다

무릎으로 피워 올린 감사꽃 200 송이

감사의 편지 74

돈! 수시로 곁에 다가와 기쁨을 주기도 하지만, 때때로 필요할 때 냉정하게 고개를 돌리고 쳐다보지도 않는 변덕쟁이 요물! 원수 같은 놈이라고 욕을 하면서도 가까이 다가오게 해달라고 당신께 매달리는 나약한 인간입니다.

당신이 저의 처지를 불쌍히 여기시고 돈을 가까이 붙여주실 때면, 부자가되어 가난하고 힘든 처지의 사람들을 맘껏 돕는 사람이 되고 싶은 환상을 갖기도 합니다. 하지만 시간이 흐르면서 돈을 따라 바쁘게 쫓아다니다보니어느새 붙잡고 있던 당신의 손을 놓아버리고 그 놈의 손을 움켜쥐고 종처럼끌려 다니고 있는 저의 모습을 발견하기도 하였습니다.

어느 날 든든한 주인 같던 돈 때문에 몹시 지쳐서 괴로워하고 있는 자신을 발견하고서야 '돈을 사랑함이 일만 악의 뿌리' 라는 당신의 말씀을 떠올리며 당신을 배반한 자신이 부끄러워 당신께 무릎을 꿇고 회개의 눈물을 흘립니다.

그때서야 사랑하는 자에게 돈을 넘치게 주시지 않고 돈 때문이라도 당신께 매달리게 하시며 믿음의 길로 인도하시고 영적인 지혜의 선물들을 주시는 이유를 알게 하셨습니다. 최고의 축복은 많은 돈이 아니라 함께 하시고사랑해주시는 당신이 우주만물의 주인이고 저의 아버지라는 사실을 깊이 깨닫게 하신 당신의 깊은 사랑에 감사의 찬양을 드립니다!

오병이어

먹을 것이 있으면
내 놓으라는 당신

아무런 계산도 없이
보리 빵 5 개와
물고기 2 마리,
먹을 것 전부를 내놓은
어린 소년

먹을 입이 오천 이상인데
무슨 바보 같은 짓이냐고
당신이나 어린 소년을
정신 이상자처럼
똑똑한 눈초리로 비웃었던 자들

저도 분명
당신의 가슴에
비웃음의 비수를 던졌을 자

아직도 이성의 낡은 계산기만
재빨리 눌러대는 헛똑똑이에게
오병이어로 오천 명 이상을 배부르게 하는
신비한 계산법을 보여주셨으니
당신께 고개 숙여 무릎을 꿇을 뿐입니다

당신이 말씀하시면
맹물이 포도주가 되고
죽은 나사로가 걸어 나오는
믿음의 신비한 계산기로
이성의 낡은 계산기를
하루속히 교체하여 주소서

무릎으로 피워 올린 감사꽃 200 송이

감사의 편지 75

보리빵 5개와 물고기 2마리로 5천명 이상을 배부르게 하고도 열 두 광주리가 남았다는 이야기. 지금도 마음 한구석에 죽지 않고 살아 있는 이성의 낡은 계산기는 도저히 믿을 수 없는 동화 같은 이야기라며 당신의 가슴에 비웃음을 던집니다.

당시에 당신의 설교를 들은 성인들도 도저히 믿을 수 없는 이야기라고 당신의 말에 헛웃음을 지었겠지만 순진한 어린 소년만큼은 아무런 의심 없이 자신의 빵과 물고기를 내 놓았겠지요. '너희가 겨자씨만한 믿음만 있어도 이 산을 들어 저 바다에 던지라 하면 그대로 되리라' 는 당신의 말씀이 떠오릅니다.

수십 년 당신의 자녀로 살아왔다 하고, 당신은 능치 못함이 없다고 입술로는 날마다 말하면서도, 작은 문제만 생겨도 믿음이 흔들리고 이성의 낡은 계산기를 재빨리 눌러대며 걱정과 두려움에 휩싸입니다.

이런 헛똑똑이는 언제나 이성의 낡은 계산기를 버리고 당신이 주신 믿음의 계산기를 실제로 사용하며 당신의 놀라운 은혜에 날마다 감사를 표할까요? 전능하신 당신이 말씀하시면 빵 한 개로도 5천이 아니라 5만 명도 충분히 먹일 수 있다고 단호히 믿을 수 있을까요? 제발 어머니의 말을 1%도 의심하지 않던 천진한 어린 시절의 믿음을 회복시켜 주소서!

쓴물

광야 같은 세상을
걷노라면
마라의 쓴물을
마실 때가 있습니다

많은 자들이
쓴물을 넘기기 힘들어 하며
자신이 가는 길에
저주의 욕설을 퍼부어대지만

당신의 은혜의 옷을 입은 자는
쓴물을 마시면서도
광야의 축복 학교에서
당신의 특별 훈련을 받는 중이라고
감사의 노래를 부릅니다

지금 걷는 길이
아무리 힘들어도
쓴물을 단물로 바꾸시는
당신만을 붙들고 나아가면
머지않아 엘림의 오아시스로
이끌고 가실 것을
눈앞에 그리고 또 그리며
감사의 노래를 부릅니다

무릎으로 피워 올린 감사꽃 200 송이

감사의 편지 76

광야 같은 세상을 살다보면 누구나 인생의 쓴물을 맛보게 되지요. 어릴 때는 빨리 어른이 되고 싶지만 나이가 들면서 인생의 쓴물을 맛보게 되면 그 맛을 모르던 순진무구한 어린 시절을 다시 그리워하게 됩니다.

하지만 인생의 연륜이 쌓이면서 쓴물도 참고 견디면 단물보다 오히려 약이 되기도 한다는 것을 터득하게 됩니다. 특히 당신의 은혜를 체험한 자들은 쓴물도 당신이 필요해서 주신 것으로 깨달으며 당신이 축복을 주기 위한 특별훈련을 받는 중이라고 감사의 노래까지 부릅니다.

왜냐하면 당신은 누구보다 인간을 사랑하시고 쓴물을 단물로 바꾸시는 신묘한 능력이 있다고 믿기 때문입니다. 현재의 상황이 아무리 힘들더라도 당신만을 바라보며 의지하고 나아가면 머지않아 오아시스를 만나게 하실 것을 굳게 믿습니다.

따라서 힘든 상황을 만날수록 기도할 징조로 감지하며 큰 축복을 예비하신 당신을 기대한답니다. 고통이 심할수록 당신의 축복을 눈앞에 그리고 또 그리며 기도하고 또 기도합니다. 그러나 믿음이 나약한 이 자는 이러한 믿음이 수시로 흔들리며 인내와 용기의 근육에 극심한 통증을 느낀답니다. 그러므로 언제나 당신의 사랑과 능력의 팔로 굳건히 붙잡고 이끌어주소서!

바라봄의 비밀

당신보다는
돈과 명예를,
당신의 나라보다는
눈앞의 장애물을,
전능하신 당신보다는
쓰라린 상처를
먼저 바라보던 자

당신을 바라보지 않고
파도를 바라보다
물속에 빠진 베드로,
당신을 바라보지 않고
돈 자루를 바라보다
당신을 팔아먹은
가롯 유다를 보게 하시니
감사의 탄성이 나옵니다

어떤 보물이나
죽음의 절벽 앞에서
유혹이나 두려움의 바람이
아무리 거셀지라도
당신만을 꿋꿋이 바라봄이
진짜 성공의 비밀임을
오랜 세월 머리에서 가슴으로의
긴 터널을 통해
당신은 또렷이 보게 하셨습니다

무릎으로 피워 올린 감사꽃 200 송이

감사의 편지 77

시선은 그 사람의 가치관과 긴밀한 관계가 있는 것 같습니다. 당신을 몰랐을 때, 저는 돈과 명예에 주된 관심이 있었어요. 당신을 알고 난 이후로도 돈과 명예의 유혹을 벗어나기가 여전히 어려웠어요. 아플 때는 당신보다 상처나 질병의 증상을 먼저 바라보며 염려할 때가 많았습니다.

베드로나 가룟 유다의 실패했던 경험에 대한 설교를 들을 때마다, 어떤 문제가 있을 때 문제의 환경을 바라보지 말고 당신을 바라보라는 말씀에 늘 은혜를 받았지요. 하지만 현실 속에서 구체적인 문제에 부딪히면, 머리로는 당신을 바라봐야 한다는 걸 알면서도, 두려움이나 염려에 수시로 사로잡혀 문제의 환경에서 시선을 떼지 못하는 나약한 저의 모습을 볼 때가 한두 번이 아니었습니다.

오랜 세월 숱한 문제를 겪으며, 문제를 바라볼수록 걱정과 좌절에 빠지고, 믿음의 시선으로 전능하신 당신을 바라볼수록 용기와 인내의 힘도 생기고 결국엔 문제를 축복으로 바꿀 수도 있다는 것을 가슴 깊이 절감하게 되었습니다. 인생의 진짜 성공의 비밀을 깨닫게 하셨으니 진심으로 감사를 드립니다!

순종

욕심의 발을
서둘러 내딛고
그 발길을 도와달라고
당신께 늘 애걸하던 자

당신보다
먼저 나아가면
언제나 넘어지거나
막힌다는 걸

아둔한 자는
숱하게 넘어지고
깨지는 훈련을 받으며
발목과 무릎의
깊은 상처의 통증으로
알아듣고 있답니다

발길을 성급히 내밀기 전에
저를 위해
크고 비밀한 일을
행하고 계시는 당신을
감사의 눈길로 바라보게 하시고

모든 계획안을 당신께 맡기고
당신이 원하시는 길을 찾아내기 위해
무릎으로 묻고 또 물으며
순종의 발을 내딛게 하소서

무릎으로 피워 올린 감사꽃 200 송이

감사의 편지 78

　과거의 삶을 돌이켜 보면, 어떠한 꿈을 이루고 싶을 때, 먼저 제가 바라는 목표를 정해놓고 당신께 이루어달라고 간절히 기도한 경우가 대부분이었던 것 같습니다. 그리고 매번 기도의 응답을 빨리 받지 못해 초조해하며 당신의 사랑마저도 의심할 때가 있었습니다.

　세상에 나온 유명한 성공에 관한 자기 계발서들도 대부분 공통적으로 자신의 목표를 뚜렷이 세우고 효과적인 전략과 습관으로 집중해서 노력하면 꿈을 이룰 수 있다는 것이 주된 내용으로 되어 있습니다.

　이러한 유명인들의 성공담으로부터 저의 꿈을 실현하고자 구체적인 목표, 계획, 전략을 세우는데 많은 영향을 받았습니다. 하지만 당신께 매달리며 최선의 노력을 기울이면서도 꿈을 이루지 못하는 뼈아픈 경험을 수차례 하며 근본적인 실패의 원인을 발견하게 되었습니다.

　제가 원하는 어떠한 목표를 정하기 전에, 저를 특별하게 디자인하여 이 땅에 저를 보내신 제작자가 기획한 목표가 있다는 걸 확신하고 당신께 그것이 무엇인지 묻고 확신하는 것이 우선 되어야 한다는 것을 깨닫지 못했다는 것입니다. 영적으로 둔자인 저에게 이제라도 깨닫는 은총을 베푸셨으니 감사를 드립니다. 당신께서 원하시는 길을 찾기만 하면 당신이 예비한 최상의 축복이 있다는 걸 신뢰하며, 항상 기도하며 당신이 인도하는 길을 한걸음씩 최선을 다해 순종하게 하소서!

불면증

잠은 배신자로 훌쩍 떠나고
한참을 애타게 기다려도
불청객인 온갖 잡념만
머릿속을 휘저으며
들락거렸습니다

배신자로 괴로워하던 한밤중
홀연히 한줄기 바람으로 찾아온 당신은
잡념을 한순간 먼지처럼 날려버리고
한없는 평화를 가득 채우며
나지막이 속삭여주었죠
"염려하지 말고 기도하라,
내가 너와 함께 함이니라."

그 순간
황홀한 평화가 넘실대는 마음의 우물에서
평소에 잊고 지냈던 기도의 제목들을
아침을 기다리는 감각도 잊은 채
하나씩 하나씩 길어 올렸습니다

이제는
한밤중 배신자가 떠나는 날이면
당신이 주신 특별한 시간의 선물을 감사하며
당신과의 은밀한 대화를
황홀한 기쁨으로 나눈답니다

감사의 기도 79

최근에 사물이 이중으로 보이는 복시 병을 겪은 이후로 불면증으로 잠을 제대로 못 자는 날이 많아졌습니다. 그럴 때마다 평소에 생각지 않던 온갖 잡념이 날이 밝도록 머릿속을 점령하고 떠나지 않아 불안하고 짜증나는 밤을 보내게 되었습니다. 밤이 오는 것이 점점 두려워지기까지 했습니다.

그러던 어느 날 잠이 오지 않아 괴롭고 지루한 시간을 보내고 있는데, 한 줄기 바람처럼 당신의 음성이 들려왔습니다. 그 순간 잡념과 불안은 한순간 사라져버리고 황홀한 평화가 마음에 가득 찼습니다. 그리고 평소에 기도하지 못했던 제목들이 하나씩 떠올라 기도하기 시작했습니다. 지루한 지도 모른 채 아침이 밝아왔습니다.

그날 이후로 잠이 안 오는 날이면 조용한 시간을 주신 당신께 감사하며 평안한 마음으로 기도하며 당신과의 은밀한 대화를 즐긴답니다. 게을러서 새벽 기도도 하지 않는 저에게 기도할 수 있는 특별한 선물을 주신 당신께 감사를 드립니다. 또한 날마다 편안한 잠을 잘 수 있다는 것이 당신이 베푸시는 얼마나 큰 축복인지도 깨닫게 되었습니다.

질병

두려움의 급습에
요동치는 가슴으로
환부를 바라봅니다

이게 점점 커지는 건 아닐까
수술해야 되는 건 아닐까

떨리는 믿음은
당신을 긴급히 부르며
단호하게 선언합니다

암도 당신에게는
감기만도 못 한 걸 믿습니다
전능하신 당신께
모든 걸 맡깁니다
두려움과 염려는 사탄의 종이니
물러갈 지어다

성령의 은혜가 밀려오며
쿵쾅대던 가슴이
조금씩 잔잔해 집니다

당신이 채찍에 맞음으로
깨끗이 나은 것을 믿는다고
목울대에 핏줄을 세워가며
감사의 나팔을 연주합니다

다시는 두려움과 염려가
침투하지 못하도록
믿음과 평안의 강둑을
당신께서 지켜주소서

무릎으로 피워 올린 감사꽃 200 송이

감사의 편지 80

누구나 아프지 않고 살다가 죽는 게 꿈이겠지만 질병은 수시로 두려움, 고통, 걱정, 불안을 떼거리로 수행하고 우리를 찾아오지요. 갑자기 찾아 온 질병을 대부분의 사람들은 그의 수행원들조차 손쉽게 물리치지 못하고 일방적인 공격을 당하기가 십상입니다.

얼마 전 아내가 갑자기 배가 아프다고 해서 동네 병원엘 갔더니 의사 선생님이 급성 맹장염일지도 모르니 터지기 전에 빨리 종합병원엘 가보라고 했습니다. 갑작스레 불안과 공포에 휩싸여 인근에 있는 종합병원 응급실을 찾아갔지요. 이미 응급 환자들이 많아 진찰도 빨리 받지 못하고 발을 동동 구르며 기다려야 했습니다. 이러다 터지면 어떻게 하지? 짧은 시간 동안 온갖 불길한 생각들이 머리를 마구 휘저었습니다.

긴급히 당신의 이름을 부르고 또 부르며 도움을 요청하였습니다. 계속해서 마음으로 뜨겁게 기도하며 당신의 은혜를 구했지요. 어느새 가슴에 요동치던 불안과 공포가 물러가며 평안이 밀물처럼 찾아왔습니다. 엑스레이를 찍은 결과 맹장염이 아니었습니다. 집으로 돌아오며 30여 분간 불안과 공포에 떨었던 믿음이 지극히 나약한 제가 부끄러웠습니다.

어떠한 악조건에 휩싸여도 다윗처럼 '사망의 음침한 골짜기를 다닐지라도 해를 두려워하지 않는 것은 주께서 나와 함께 하심이라.' 는 담대한 믿음을 유지하게 하소서! 저의 모든 문제를 다 아시고 늘 함께 하시며 도우시는 당신께 감사함을 드립니다!

당신의 나라를 바라보게 하시니

불안과 염려의 찬바람만
휭휭 부는 병실에
두려움의 파도가
사납게 일렁대지만

고통과 질병이 없는
당신의 나라를
바라보게 하시니
감사의 눈물을 흘립니다

통증의 회오리바람이
수시로 몰아쳐 와도
당신의 나라를 바라보며
이를 꼭 깨뭅니다

'조금만 참자
이 땅에서의 어떤 고통도
당신의 나라로 시선을 돌리려는
사랑의 훈련이다'

당신의 나라를 바라봄은
그 누구도 도와줄 수 없는
고통의 이 순간
최고의 위안이고 희망입니다

무릎으로 피워 올린 감사꽃 200 송이

감사의 편지 81

치과에 갈 때마다 소름 돋는 기계음 소리에 치료를 받기 전부터 불안과 공포가 연약한 심장에 사정없이 매질을 하여 쿵쾅쿵쾅 비명을 지르며 튀어나오려 합니다. 치료할 때의 고통은 사랑하는 그 누구도 도와줄 수 없고 스스로 인내하며 극복해야 할 처절히 고독한 자신의 몫입니다.

수술과 같이 피할 수 없는 고통의 순간이 올 때마다 견딜 수 있는 인내와 용기를 달라고 당신께 간절히 매달립니다. 이 땅에 사는 동안 누구나 수시로 겪게 되는 고통과 질병은 그것들이 전혀 없는 당신의 나라 가는 것을 더욱 더 간절히 사모하게 만드는 당신의 깊은 애정 훈련법이라 생각합니다.

이 땅에 무서운 고통과 질병이 없고 기쁨과 평안만 있다면 그 누가 당신의 나라를 가기 위해 자발적으로 당신의 나라를 사모하며 당신의 말씀에 순종할까요? 죽으면 무서운 고통만 있는 지옥이 있다 해도 눈앞의 이해관계에만 눈이 밝은 근시안 인간들은 사후 세계에 대한 당신의 말씀을 쉽사리 귀 기울여 듣거나 믿지 않을 것입니다.

어리석은 인간의 속성을 너무나 잘 아시기에 고통과 질병을 통해서라도 당신께 돌아오고 매달리게 하시는 당신의 깊은 사랑에 감사를 드립니다. 견디기 힘든 고통의 순간마다 전능하신 당신께 매달리며 당신의 나라를 바라보게 하심은 당신이 베푸신 최고의 위로이고 희망입니다.

오래 참는 자비

잘 사는 법은
오르는 법과 쌓는 법의
달인이 되는 것이라고
가슴에 새기며

더 높이 오르고
더 많이 쌓는 법의
온갖 술수를 주야로 연마하는
헛똑똑이 죄인에게

내려가는 법과
나누는 법의
달인이 되는 것이
진정한 성공의 법이라고

천상에서 내려와
만인의 죄수 대신
사형대에 피를 쏟으시고
영생의 선물을 나눠주신 당신께서
오늘도 흐느끼는 절규로 들려주시건만

아직도 헛똑똑이 죄인은
오르고 쌓는 것을 여전히 목말라하며
오래 참고 가르치는 당신의 자비에
감사의 고개를 숙일 뿐입니다

무릎으로 피워 올린 감사꽃 200 송이

감사의 편지 82

서점에 나와 있는 대다수의 성공에 관한 책들은 유명한 사람들이 어떻게 해서 오늘의 높은 명예를 얻게 되었거나 많은 돈을 벌게 되었는지 그들의 성공 비법을 소개합니다. 대학시절엔 그런 사람들의 성공담을 읽으며 저의 출세에 대한 욕망을 성취하려 고시에 도전하기도 하였습니다.

갑작스런 난치병의 발병으로 고시를 포기하며 좌절의 늪에 빠져 허우적거릴 때에 당신이 저를 찾아와 주셔서 신앙생활이 시작되었습니다. 그러나 신앙생활을 하면서도 저의 출세에 대한 미련은 사라지지 않아, 고교 교사를 포기하고 대학원을 다니며 교수가 되려는 욕망을 위해 기도하며 노력하였지요. 교수 임용이 쉽게 되지 않자 당신의 사랑에 대한 의심도 많이 하였죠.

신앙의 연륜도 쌓이고 최고 학력을 달성했는데도 당신이 원하는 삶의 목적조차 분명히 깨달으려 기도하지 않고 더 높은 저의 욕망을 이루고자 당신께 기도로 매달리며 당신은 전능하시고 저를 사랑하신다 하면서 왜 응답이 없는지 가슴앓이를 했습니다.

고뇌의 10여 년 세월을 보내며 내 뜻이 아니라 당신이 기뻐하시는 뜻을 따라 살아야한다는 걸 깊이 깨달았지만 지금도 수시로 당신의 나라와 의를 구하기보다 저의 욕망을 앞세우며 조급해하는 어리석은 저를 발견하곤 합니다. 그럼에도 불구하고 한없는 인내와 용서를 베푸시는 당신을 느낄 때마다 당신의 크신 사랑과 자비에 고개 숙여 눈물로 감사할 뿐입니다.

말씀의 무기

마귀가
여러 가지 문제의 탈을 쓰고
수시로 앞길을 막아
공갈협박의 이를 갈 때

당신은
두려움에 떨며 비틀대는 자를
그대로 두지 않으시고
그 동안 가슴 속에
아무렇게나 방치한
말씀의 칼과 총을 찾아주시며
담대하게 무찌르도록
곁에서 손을 잡아주십니다

당신의 말씀은
돈이나 권력,
세상의 어떤 술수나 지식보다도
최상의 무기라는 게
세월이 갈수록
뼛속 깊이 울려옵니다

이제라도
펄펄 끓는 가슴으로
당신의 말씀을
날마다 차곡차곡
무장하게 하소서

무릎으로 피워 올린 감사꽃 200 송이

감사의 편지 83

인생은 조금 평탄한 길을 가다보면 수시로 험난한 비탈길을 만나거나 먹구름, 천둥 번개를 만나기도 합니다. 이 세상에 향기로운 꽃길만을 걸어왔다고 자부할 사람은 한 사람도 없을 것입니다. 돌이켜 보면 저도 길지 않은 인생길을 걸어왔지만 적지 않은 장애물에 부딪치며 근심도 많았고 좌절도 많았습니다. 한 가지 문제가 해결되어 한숨 돌리려 하면 또 다른 문제가 앞길을 막았지요.

하지만 요즘은 전과는 달리, 문제를 대하는 태도가 많이 달라졌습니다. 수십 년 당신께서 가르쳐 주신 말씀의 무기들이 가슴에 쌓여 크나큰 힘이 되기 때문입니다. 젊을 때는 말씀을 읽거나 들을 때마다 잠시 다소의 위로나 용기를 얻고는 대수롭지 않게 잊곤 했지만, 나이를 먹을수록 당신의 말씀이 인생 자체의 원동력이고 모든 문제들을 해결하는 최상의 지혜로운 무기라는 것을 절감합니다.

허물 많고 부족한 제가 무엇이라고 문제가 있을 때마다 적당한 말씀을 생각나게 해주시고 위로와 용기를 주시며 당신이 함께 하신다는 확신을 더하여 주시니 당신의 변함없고 자상하신 사랑에 감사할 따름입니다. 말씀을 주실 때마다 빨리 깨닫고, 말씀의 능력을 100% 의지하고 승리할 수 있는 믿음의 확신과 평안을 주시옵소서! 두려움과 염려와 의심은 마귀가 사용하는 최상의 무기라는 것을 명심하게 하옵소서! 무엇보다도 당신의 말씀을 육신의 양식처럼 매일매일 즐겨 먹게 하시옵소서!

배고픔의 학교

배가 고파 울다 지쳐
아무도 없는
차가운 빈 방에서
홀로 잠드는 수업

붕어빵 아저씨를
물끄러미 바라보고
빈 주머니만 만지작대며
침만 꼴깍꼴깍 넘기는 수업

점심시간에
빵집에서
빵 냄새의 유혹을 견디며
맹물만 홀짝대는 수업

이 모진 학교를
일찍이 졸업한 것이
당신의 계획된 훈련이었음을
이제서 깨닫고 감사를 드립니다

굶주린 자들의 세미한 신음을
가슴 깊은 곳에서 알아듣고
아프리카 깡마른 어린이
달라붙은 창자의 울부짖음으로
기도문을 올리게 하소서

굶주린 창자를 채워줄
일용할 양식뿐만 아니라
죽어버린 의욕을 채워줄
영혼의 양식을 위해서

감사의 편지 84

저는 어린 시절 농촌의 시골 마을에서 성장했습니다. 꽁보리밥을 먹는 날이 많았는데 어린 제가 보리밥을 먹지 않고 밥투정을 하자 어머니께서는 한 구석에 조금 쌀을 넣고 밥을 지으셔서 주시곤 하였지요. 초등학교 근처에서 붕어빵 장수나 아이스께끼 장수를 볼 때면 발길을 떼지 못하고 침만 꼴깍대며 서성대곤 하였습니다.

20여 리 떨어진 중학교를 걸어 다닐 때는 학교에 도착하면 배가 고파 쉬는 시간에 밥을 다 먹고 점심시간이 되면 학교 빵집에 가서 아이들이 먹는 모습을 멍하니 바라보며 고픈 배를 맹물로 달랜 적이 많았습니다.

당시에는 '우리 집은 왜 이렇게 가난할까?' 흙먼지가 묻은 아버지의 초라한 모습을 볼 때마다 가난이 싫었고 돈을 많이 벌지 못하는 아버지를 이해하지 못했습니다. 하지만 지금 생각해보면 그 모든 과정이 당신의 계획된 훈련이었음을 감사드립니다. 가난을 몸으로 체험했기에 현재의 저의 처지에 더욱 감사할 수 있게 되었고, 가난한 사람들의 애로를 누구보다 잘 이해할 수 있게 되었습니다.

가난하고 병든 자들을 위해 일하신 주님처럼 저도 그러한 사람들을 위해 위로하고 격려하는 강의와 글을 쓰는 자로 쓰시기 위해 돈으로도 받을 수 없는 귀한 훈련을 받게 하신 당신의 놀라운 섭리에 감사를 드립니다!

사랑스런 아기

기쁨, 기쁨!
감사, 감사!
펑펑 쏟아지는 함박눈을 보듯이
심장이 뜨겁게 고동칩니다

수많은 총총걸음들이
걸인의 애걸하는 신음마저 비웃으며
찬바람과 팔짱을 끼고
휴지조각처럼 날아가는
빙판 세상에서

믿음의 불빛마저 흐릿하고
근심의 한숨이 뿌옇게 서린
어둑하고 냉랭한 골방을 찾아와
사랑스레 미소 지으니
좌절했던 핏줄마저 힘차게 일어나
기쁨의 찬양을 부릅니다

누추하지만
언제까지나 떠나지 마시고
어둡고 외로운 골방의
따뜻한 친구가 되어주소서

찬바람이 몰아치는 빙판길을
함께 가는 총총걸음들에게
당신의 사랑스런 미소를 전해주는
따뜻한 손난로가 되게 하소서

무릎으로 피워 올린 감사꽃 200 송이

감사의 편지 85

해마다 찾아오는 성탄절이지만 올해도 설레는 가슴으로 아기 당신을 맞이하려고 합니다. 쏟아지는 함박눈을 바라볼 때 어린 아이처럼 두근대는 가슴으로요.

하지만 거리의 풍경은 살벌하기만 합니다. 총총걸음으로 지나가는 사람들은 지하철 계단에서 구걸을 위해 내민 언 손을 제대로 거들떠보지도 않고 찬바람처럼 냉정하게 휙휙 달아납니다.

이러한 빙판 같은 세상이지만 아기 당신은 저를 외면치 않으시고 찾아와주셨습니다. 믿음의 열기도 싸늘히 식어있는 어두운 마음의 골방을 찾아와 사랑스런 미소를 지어주고 계십니다. 아기 당신 덕분에 침울했던 마음에 기쁨과 활력이 가득해집니다. 영원히 떠나지 마시고 따뜻한 친구로 함께 계시기를 간절히 소원합니다.

사랑스런 아기, 당신의 사랑으로 쓸쓸하고 무기력한 저의 가슴에 삶의 희망과 용기를 되찾아주시니 정말 정말 감사합니다. 빙판 같은 세상을 냉랭하게 살아가는 사람들에게 낮은 자를 섬기러 오신 당신의 사랑을 기쁨으로 전하게 해주소서! 따뜻한 손난로 같은 당신의 참된 제자로!

시간을 주시니

할 일이 없고
되는 일이 없어
죄 없는 방구석을
한나절이나 깔아뭉갭니다

도대체 나는
무언가
오라는 데도 없고
갈 데도 없고
앞이 보이지 않아
가슴에 눈물이 흐릅니다

하지만
당신이 늘 사랑하고
함께 하시며
나를 위해 지금도 일하고 계심을
굳게 믿습니다

믿음의 손을 더 높이 뻗어
더 큰 축복의 문을 열게 하시려고
기도의 시간을 주시고
지켜보고 계심을
감사드립니다

머지않아
어둠이 걷히면
축복의 문을 열고
감격의 눈물을 흘리며
어두웠던 지난날을
자랑할 것입니다

감사의 기도 86

최근엔 수많은 젊은이들이 대학을 졸업하고도 취업이 안 되어 나이 드신 부모에게 모든 걸 의지하고 컴퓨터 오락 등으로 시간을 죽이며 절망의 늪을 허우적대고 있다고 합니다. 그들인들 어서 빨리 취업을 하여 당당하고 활기찬 생활을 하며 부모에게 효도하고 싶지 않을까요?

주변에서 그러한 젊은이들을 보면 안타까운 마음에 가슴이 저립니다. 저의 아들도 유학을 하고도 취업이 안 되어 일 년 정도 집에 있는 모습을 보면서 본인도 부모도 말 못할 가슴앓이를 하였습니다.

하지만 수개 월 째 기도를 하면서, 전능하신 당신이 모든 문제를 알고 계시고, 지금도 사랑하는 아들을 위해 일하고 계신다는 강한 확신을 얻게 되었습니다. 당장 해결해주시지 않는 이유를 한 치 앞도 모르는 인간이 알 수는 없지만, 어디에서도 체득할 수 없는 믿음과 겸손과 인내의 훈련을 받게 하신 후, 더 큰 감사와 축복의 문을 열게 하시려고 기도의 시간을 끌고 계시다는 것을 깨닫게 되었죠.

언제나 조급하게 요구만 앞세우는 철부지에게 당신의 깊고 넓은 사랑을 깨닫게 하시니 깊은 감사를 드립니다! 언제나 당신의 사랑을 신뢰하며 범사에 감사하게 하소서!

죽음의 문

죽음의 문을
바라 볼 때마다
오싹한 찬바람이
가슴을 파고들어

문을 만든 당신을
원망하며
재빨리 눈길을
다른 데로 돌리곤 했지만

당신을 사모하는
믿음의 나무가
커갈수록

죽음의 문 뒤에서
기다리시는 당신,
영원히 살 나의 집,
사랑하는 당신의 나라가 보고 싶어
때때로 가슴이 두근댑니다

당신을 만나기 위해
반드시 열어야 할 문을
두려움과 원망이 아닌,
설레는 기대와 감사의 눈빛으로
바라볼 수 있도록

믿음의 나무에
기도와 말씀의 물을
쉬지 않고 주게 하소서

감사의 편지 87

당신을 모르던 시절, 특히 사춘기 때에는 왜 죽음이란 존재하는 것일까? 언젠가 나에게도 죽음이 찾아오겠지? 죽음을 피할 수는 없는 걸까? 가끔씩 이런 생각을 하며 두렵고 침울한 생각에 빠지곤 하였습니다. 죽음을 만든 자를 원망하기도 하였고요.

그러한 궁금증을 해결하지 못한 채 세월이 흐르다 당신을 만나게 되며 어떤 이유로 죽음이 존재하게 되었고 죽음을 피할 수 없게 되었는지도 알게 되었지요. 하지만 당신의 은총으로 죽음너머에 있는 영원히 살 수 있는 나라가 있다는 것도 알게 되었습니다.

당신의 은혜로 죽음에 대한 의문을 풀었을 때의 기쁨과 감사를 잊을 수가 없습니다. 죽음의 두려움을 쫓아주셨을 뿐만 아니라 영원히 살 집을 지으시고 기다리시는 당신을 생각할 때마다 언제나 가슴 벅차는 감격을 하게 됩니다. 하나밖에 없는 아들까지 제물로 바치시며 저의 살 길을 예비하신 당신의 그 큰 사랑과 은총을 무엇으로 감사할 수 있을까요?

그럼에도 연약한 이 자는 가끔씩 나이 드는 것이 싫고 죽음의 문이 두려울 때가 있습니다. 당신을 만나기 위해 어차피 통과해야 할 문이라면 두려워하기보다 감사와 기대감으로 바라보게 하시옵소서! 두려움과 염려의 바람에 수시로 흔들리는 연약한 믿음의 나무가 굳건히 뿌리 내릴 수 있도록 기도와 말씀의 물을 쉬지 말고 주게 하소서!

제 5 부　　　　스승의 선물

세례 요한

메뚜기와 석청만으로
주린 배를 달래며
낙타가죽으로 치부를 간신히 두르고
광야에서 홀로 외치던 확성기

"회개하라 천국이 가까이 왔느니라"

앞으로 오실 당신의
신발 끈을 풀
자격도 없다며
스스로 걸인 된 자의
처절한 외침을

따뜻한 엄마 품에 안겨
사탕 한 개를 더 달라고
칭얼대는 아이에게 들려주시니
부끄러운 눈물, 감사의 눈물이
울컥울컥 솟아납니다

무릎으로 피워 올린 감사꽃 200 송이

감사의 편지 88

나무도 마실 샘물도 없는 사막같이 황량한 벌판에서 잠을 자며 옷 대신 가죽을 두르고 메뚜기와 석청으로 연명하며 당신이 오신다는 소식을 홀로 외치는 그는, 오늘날 많은 사람들이 지나다니는 지하철역에서 전도지를 들고 '예수 천당, 불신 지옥'을 외치는 양복 입은 신사와는 비교할 수도 없는 처절한 전도자의 모습입니다.

그러한 악조건을 견디면서도 앞으로 오실 당신의 신발 끈 푸는 것을 감당할 수 없다고 말하는 그의 겸손은 오늘날 수만 명이나 되는 대형교회의 목사로 최고급 승용차에 비서까지 거느리고 고급 가운을 화려하게 휘감고 최고급 시설의 예배당에서 당신을 전하는 목회자들과는 비교할 수도 없는 '심령이 가난한 자'의 전도자의 모습입니다.

오직 당신의 소식을 전하려고 낮에는 지극히 덥고 밤에는 지극히 춥고 날짐승이 날뛰는 광야로 가서 스스로 죽음을 각오한 걸인이 된 자의 외침! 그 처절한 음성을 따뜻한 엄마 품에 안겨 사탕 한 개를 더 달라고 떼를 쓰는 아이 같은 자에게 들려주시니, 부끄러워 고개를 들 수 없고 베푸신 은혜와 사랑에 감사의 눈물을 지을 뿐입니다. 제발 스승과 같은 겸손하고 담대하고 열정적인 전도자를 날마다 닮아가게 하소서!

다윗

골리앗 같은 세상이
맞서기 두려워
도피처에 몸을 숨기고
가슴앓이를 하기도 하지만

물맷돌 하나를 들고
만군의 여호와의 이름으로
골리앗 앞에 마주선
다윗의 당당한 눈매를 바라보며
세상에 달려듭니다

사망의 음침한 골짜기를 갈지라도
해를 두려워하지 않음은
주께서 함께 하심이라는
그의 고함을 들으며
세상에 달려듭니다

여호와는 나의 목자시니
내게 부족함이 없다는
그의 노래를 들으며
찬바람이 수시로 몰아치는
세상의 골짜기에서도
당신께 감사의 노래를 부릅니다

이 연약한 자에게
믿음의 큰 심장을 선물로 주시니
작은 가슴이
용기와 소망의 노래를 부릅니다

감사의 편지 89

개인이 모여 공동체를 이루고 공동체가 모여 국가와 세상을 이루었다고 하지만, 이제는 세상의 주인인 개인은 힘이 없고 개인을 지배하는 국가와 세상은 막강한 힘을 갖게 되었습니다. 그래서 자본주의 체제의 극심한 경쟁 중심의 국가 제도나 세상 풍조 속에서 냉정하게 희생되는 사람들이 많이 있지만, 아무도 실패한 다수를 보호하고 책임지지 않습니다.

더구나 우주만물의 주인인 당신의 자녀로서 직접 소속해 있는 세상의 환경이나 풍조를 거역하며 당신의 말씀만을 지키며 살아가기가 만만치 않습니다. 예를 들면 주일 날 시행하는 국가고시나 중요한 사회적 모임에 당당히 불참하는 것이나 특별히 수시로 있는 직장 동료들 모임에서 세상에 만연된 음주 문화를 거부하는 것 등 몹시 불편한 일들이 많이 있지요.

그러나 갑옷과 칼로 무장한 거인 장수 골리앗을 물맷돌 하나만을 가지고도 당신의 이름으로 맞서 싸워 쓰러뜨리고, 어떤 상황에서도 해를 두려워하지 않는 것은 당신이 언제나 함께 하신다고 외치고, 당신이 삶을 인도하는 목자시니 살아가는데 전혀 부족함이 없다고 노래하는 당찬 믿음의 스승을 바라보며 세상과 맞서 싸웁니다.

물론 당신의 말씀만을 따라가며 험난한 세상과 싸워 승리하는 것이 믿음이 나약한 자에게 벅찰 때가 많이 있지만, 다윗과 같은 믿음의 스승을 선물로 주셨기에 항상 큰 용기와 소망을 얻을 수 있음에 감사드립니다. 그에게 주신 큰 믿음을 저의 심장에도 허락하여 주시기를 소원합니다.

모세

물도 식량도 없는 사막 길,
지칠 대로 지친 백성들이
원망의 악담으로
그의 목을 조일 때

'두려워 말고 가만히 서서
당신이 행하시는
구원의 기적을 바라보라' 고
믿음의 눈을 부릅뜬 자

바로의 병거들과 마병들이
홍해바다로 몰아넣어
온 백성 무리를
거친 파도가 삼키려는 때

당신의 음성만을
유일한 구명줄로 잡고
조그만 지팡이 하나로
드넓은 바닷물을 가르고 합치며
적군을 몰살시킨
믿음의 백전노장

캄캄한 인생길
믿음의 백전노장을
스승으로 가슴에 모시게 하시니
가는 길이 수만 배 든든합니다

아무리 크고 높은
풍랑을 만난다 해도
스승처럼 당신의 음성만을
유일한 구명줄로 붙잡고
믿음의 지팡이를
높이 들게 하소서

무릎으로 피워 올린 감사꽃 200 송이

감사의 편지 90

길도 모르는 사막 길을 물도 식량도 없이 당신의 명령만을 의지하여 온 백성을 40년 이끈 지도자. 인간적으로 보면, 무대책, 무 개념인 지도자. 날이 갈수록 심해지는 백성들의 원망이 극도에 달했을 때, '두려워 말고 가만히 서서 당신이 행하시는 구원의 기적을 바라보라' 고 명령을 내리는 자.

가는 앞길을 홍해가 가로막고, 적군인 바로의 군대가 온 백성을 뒤쫓아 바다로 몰아넣으려 하는 절대 위기의 순간조차도 백성들의 아우성엔 귀를 막고 당신의 음성만을 유일한 구명줄로 붙잡고 지팡이 하나로 당신의 명령에 따라 홍해를 가르고 합치며 백성을 구하고 적군을 수장시킨 고집불통 영적 지도자에게 두 손 두 발을 다 듭니다.

도대체 1,2년도 아니고 수십 년을 굶주림과 갈증으로 불평하며 따라가는 백성들에게 조금도 양보나 타협이라곤 모른 채 당신이 내려주는 만나와 메추라기로 식량을 삼으며 당신의 음성만을 의지하고 인도하는 그의 믿음의 심장은 얼마나 크고 강한 것일까요?

이런 믿음의 백전노장을 캄캄한 인생길에 스승으로 모시게 하시니 든든합니다. 갑자기 어떤 험난한 파도를 만난다 해도 파도를 바라보며 두려워하거나 어떤 인간적 방법에 무릎 꿇지 말고 고집불통 스승처럼 당신의 음성만을 유일한 구명줄로 붙잡고 믿음의 지팡이를 높이 들게 하소서!

아브라함

떠나라는 한 마디에
부모와 친척을 미련 없이 등지고
목적지도 모르면서
내딛고 나아가는 힘찬 발걸음

바치라는 한 마디에
백세에 얻은 아들의 목에
한 마디 변명도 없이
칼날을 치켜든 힘찬 팔뚝……,

한 치 앞이 안 보이는
캄캄한 밤길
때로는 돌부리에 채이거나 넘어져
탄식의 눈물을 삼키면서도

한 발 한 발 나아가는 것은
그의 힘찬 발걸음과
힘찬 팔뚝에 솟아난
믿음의 근육을 보았기 때문입니다

당신의 한 마디에
손익을 계산하는
일말의 망설임도 없이
인생의 전부를 건
믿음의 거인을 바라보니
발걸음이 한결 가볍습니다

감사의 편지 91

믿음이 얼마나 탁월했기에 믿음의 조상이란 말을 대대로 들을까요? 당신이 한 마디 했을 때 갈 곳도 모르면서 가족, 친척, 직업, 정든 고향 등 모든 것을 버리고 떠난 그 사람. 그 중 어느 한 가지만 버리고 떠나라 해도 쉽지 않았을 텐데요.

100세에 낳은 아들을 갑자기 이유도 없이 제물로 바치라 했을 때 그의 심정은 어떠했을까요? 왜 귀하게 주신 자식을, 그것도 하나밖에 없는 자식을 제물로 바치라 했느냐고 한 마디 원망도 없이 귀엽고 사랑스런 아들 앞에 칼을 치켜든 그의 믿음은 어떤 수준일까요?

아무리 당신을 신뢰한다 해도 아들의 손발을 직접 묶어 놓고 칼을 치켜든 그는 이해할 수가 없습니다. 단지 아무런 잘못도 없는 당신의 외아들을 죄 많은 인간들을 살려내기 위해 부족할 게 없는 당신의 나라에서 내쫓아 이 땅에서도 가장 흉악범에게 사용되는 형틀에 죽게 하신 당신의 마음을 생각하면 조금 이해된다고 할 수 있을까요?

하지만 당신의 말씀에 순종한 결과 당신은 그의 아들을 살려주셨고 약속대로 그의 가문에서 당신이 태어나는 영광스런 믿음의 조상이 되게 하셨습니다. 이러한 믿음의 거인을 조상으로 주셨기에 이 미천하고 연약한 자는 그가 조건 없이 가족을 떠나가는 힘찬 다리와 아들의 목에 칼을 치켜든 힘찬 팔뚝에 솟아난 믿음의 근육을 경건하고 감사한 믿음의 눈으로 바라보며 오늘도 캄캄한 인생의 밤길을 당신의 말씀을 따라 나아갑니다.

바울

당신의 이름을 외친
유일한 죄목으로
옷을 찢기고 매를 맞아
투옥 되었건만

당신의 이름을
원망하기는커녕
당신의 이름을 드높이는
기도와 찬양을
제물로 드린 그

당신의 이름으로
수차례 옥고(獄苦)를 당하면서도
오히려 당신의 백성에게
'항상 기뻐하라, 범사에 당신께 감사하라'
편지를 보낸 그

살든 죽든
당신의 이름만을 외치며
푯대만을 향해 달려간
대쪽 믿음의 스승을
바라보게 하시니
감사의 노래를 부릅니다

한두 사람 앞에서도
당신의 이름조차
당당히 부르지 못하는
비겁한 제자에게
당신의 피만 펄펄 끓는
대쪽 믿음의 피를
수혈하여 주소서

무릎으로 피워 올린 감사꽃 200 송이

감사의 편지 92

한때는 당신을 따르는 자들을 훼방하고 괴롭히는데 앞장섰던 그가 당신의 이름을 전한다는 죄목으로 매를 맞고 투옥되었건만 당신을 원망하지 않고 쇠사슬에 묶인 채로 당신의 이름을 찬양하는 그를 생각하면 당신이 역사하시고 인도하시는 섭리가 놀랍습니다.

당신을 찬양할 때 지진이 일어나 옥문이 열리고 차꼬가 부서져 죄수들이 달아난 줄 알고 간수가 자결하고자 할 때, 오히려 죄수로 잡혀온 바울과 실라는 우리가 여기 있으니 걱정하지 말라 위안을 하였습니다. 죄수들을 제대로 관리하지 못한 것을 자책하며 어떻게 해야 구원을 받을 수 있느냐고 죄수인 그들에게 간청할 때, '주 여수를 예를 믿으라 그리하면 너와 네 집이 구원을 얻으리라' 하며 당신의 구원의 은혜를 그 가족 전부에게까지 베푼 것을 생각하면 바울의 믿음과 당신의 구원의 섭리가 더욱 놀랍습니다.

오늘날 말로만 당신의 제자를 자부하는 자들이 온갖 정치적, 경제적 범죄에 연루되어 당신의 이름에 똥칠을 하는 현실을 생각하면 당신께 한없는 부끄러움을 느낍니다. 타락한 세상 사람들이 오히려 당신 백성들의 심각한 문제들을 걱정하는 치욕스러운 상황입니다.

당신의 제자임을 어디에서나 공공연히 밝히지 못하는 비겁한 자를 불쌍히 여기시고, 생사를 가리지 않고 당신의 이름을 불철주야 증거 하는 바울에게 베푸신 펄펄 끓는 믿음의 피를 수혈하여 주소서! 당신만이 존재의 의미이고 목적이고 행복의 근원임을 믿습니다.

베드로

사람들은
믿음의 심장이 약해
물위를 걷다 빠졌다고
쉽사리 침을 뱉지만

바닷물로
내려오라는 당신의 말에
망설임 없이
배에서 뛰어내린
고동치는 믿음의 맥박을 느끼며
박수를 보냅니다

사람들은
믿음의 심장이 약해
세 번이나 당신을 배신했다고
쉽사리 침을 뱉지만

닭이 세 번 울자
가슴 치고 통곡한
고동치는 믿음의 맥박을 느끼며
박수를 보냅니다

게으른 겁쟁이의
수시로 꾸벅꾸벅 조는
믿음의 심장을
고동치는 믿음의 맥박으로
흔들어 깨워주시니
박수를 보냅니다

감사의 편지 93

평범한 어부였지만 당신을 따르기로 마음먹자 생업을 팽개치고 당신의 제자로 따른 그를 존경합니다. 저같이 믿음이 소심한 자는 직업과 가족을 팽개치고 당신이 원하는 길을 과감히 떠날 수 없었을 것이기에 그의 피 끓는 믿음을 존경합니다.

당신이 물 위를 걸어오라 하셨을 때 파도를 바라보다 빠졌지만, 조그만 장애물만 나타나도 기도를 하면서도 두려움과 염려를 떨쳐버리지 못하는 이 연약한 자는 캄캄한 바닷물에 망설임 없이 뛰어내린 그의 피 끓는 믿음을 존경합니다.

당신이 사형수의 누명을 쓰고 재판을 받을 때 당신과의 관계를 세 번이나 부인했지만, 닭이 세 번 울자, 곧바로 가슴 치며 회개하고 목숨을 내걸고 당신의 뜻을 다시 따르고 전하다 순교까지 서슴지 않은 그의 피 끓는 믿음을 존경합니다.

머리로만 끄덕이고 입술로만 떠벌리며 과감한 결단의 행동을 항상 주저한 채 졸고 있는 자를 피 끓는 믿음의 맥박으로 깨워주시니 감사드립니다. 이 겁쟁이에게도 당신의 말씀을 순전하게 믿고 당신이 원하는 길을 과감히 나아갈 수 있는 피 끓는 믿음을 주소서!

요셉

질투와 시기의 피가 끓는
형들의 손아귀들이
구덩이에 처넣을 때나
타국에 노예로
팔아버릴 때도

원망의 피눈물을 가슴으로 흘리며
절망의 늪으로 떨어지는 대신
사람의 손에 팔려온 것이 아니라
당신의 손에 이끌려 왔다고
믿음의 심장으로 소리친 그

모함의 덫에 걸려
옥살이를 하면서도
당신만을 고정된 시선으로 바라보며
기도의 무릎에 피 흘리며
총리대신의 꽃을 피워낸
그의 절규에 영혼의 귀를 여니
용기와 감사의 핏줄이 꿈틀댑니다

조그만 장애물만 가로막아도
믿음의 온도가 심하게 떨어지는
연약한 심장에
그의 뜨거운 믿음의 동맥을 접붙여주시니
감사의 함성을 올립니다

무릎으로 피워 올린 감사꽃 200 송이

감사의 기도 94

요셉은 막내아들로 태어나 아버지의 특별한 총애를 받았고, 형들의 곡식 단들이 요셉의 곡식 단들을 향해 절하는 꿈을 꾸어 시기 질투의 대상이 되었죠. 형들이 깊은 구덩이 속에 집어넣어 죽을 고비를 넘겼고 결국엔 애굽의 장사꾼들에게 노예로 팔리는 수난을 겪었지요. 하지만 요셉은 자신을 미워하는 형들을 원망하지 않고 타국에 팔려온 것도 '당신의 인도하심' 이라고 굳게 믿었지요. 게다가 군대장군 보디발 아내의 성적 유혹을 뿌리치다 모함을 받고 감옥에 투옥되어서도 당신이 주신 꿈을 변함없이 신뢰하며 당신만을 바라본 굳건한 믿음의 사람이었습니다.

감옥의 가장 낮은 자리에서도 당신만을 의지하며 최선을 다하다가 왕의 꿈 해몽을 잘하게 되어 감옥을 나오게 되고 애굽의 총리대신까지 되는 영광을 얻었지요. 어찌 질투, 시기, 모함의 말로 다할 수 없는 고난을 겪으면서도 시종일관 흔들림 없이 자신에게 주신 꿈을 신뢰하며 당신만을 바라볼 수 있었을까요?

인간들과 주어진 환경을 바라보지 않고 오직 당신만을 바라보며 그가 쏟은 형언할 수 없는 피눈물의 기도를 상상해봅니다. 총리대신은 기도의 피눈물을 먹고 피어난 꽃이라고 확신합니다. 조그만 장애물들 앞에서도 믿음의 온도가 수시로 흔들리는 자에게 한결같이 뜨거운 믿음의 피를 가진 자를 스승으로 바라보는 기회를 주시니 무한 감사를 드립니다! 당신이 어떤 환경으로 인도하시더라도 '기도와 순종(pray and obey)' 만을 하며 당신만을 바라보게 하소서!

다니엘

당신을 사랑하는 자니까
세상 사람들과 구별된
좁은 길을 가야한다고
입술로는 큰소리치면서도

돈이 아양 떠는 미소에
수시로 마음이 기우뚱하고
TV나 컴퓨터의 현란한 눈빛에
시간을 도둑질 당하는 줄도 모르고
영혼을 통째로 바치기 일쑤인데

왕 이외에 어느 신이나 사람에게
무엇을 구하면
사자 굴에 던진다는 금령의 어인(御印)을
당신 향한 일편단심
기도의 무릎으로
비웃어버린 그

굶은 사자들이
포효하며 달려드는
아가리 앞에서도
믿음의 허리 꼿꼿이 세운 채
보이지 않는 당신만을 바라본
강철 믿음의 스승

간사한 변덕쟁이
믿음의 심장에도
한 줄기 올곧은
믿음의 강철을
당신의 뜨거운 불길로
박아주소서

무릎으로 피워 올린 감사꽃 200 송이

감사의 편지 95

　말로는 세상과 구별된 성도라 자부하면서도 불신자들이나 별로 다를 바 없이 돈의 유혹에 약하고 TV나 컴퓨터 등 오락 프로그램을 보고 즐기며 시간을 낭비가 할 때가 많이 있습니다. 그렇지 않은 시간조차도 말씀을 읽거나 기도를 하는데 집중하지도 않음을 고백합니다.

　하지만 당시 그 나라의 포로로 왕의 총애를 받으며 총리대신을 지내던 다니엘은 당신을 섬긴다는 걸 잘 아는 자들의 시기심으로 발의된 법인 '이제부터 삼십 일 동안에 누구든지 왕 이외에 어느 신에게나 사람에게 무엇을 구하면 사자 굴에 던져 넣으라' 는 준엄한 금령 하에서도, 총애하는 왕의 명령을 단호히 거부하고 하루 세 번씩 예루살렘을 향해 무릎 꿇고 당신께 목숨 건 기도를 했습니다.

　그 결과 사자 굴에 던져졌지만, 용서를 구하거나 조금도 두려워하지 않고 무섭게 달려드는 사자들 앞에서도 보이지 않는 당신이 지켜줄 거라는 확신에 찬 믿음으로 당당히 당신 향해 기도했습니다.

　그리하여 털끝 하나 다치지 않고 기적적으로 살아나 왕에게 살아계신 당신을 입증하였고 그걸 보고 감탄한 왕은 다니엘을 여전히 총애하였습니다. 이야기만 들어도 벌벌 떨리는 엄중한 상황에서 강철 같은 믿음을 행동으로 보여준 다니엘의 믿음은 얼마나 크고 담대한 것일까요? 어려운 상황을 닥칠 때마다 당신이 보내주신 귀한 스승을 바라보며 살아계신 당신을 확신하게 하시니 당신이 베푸시는 위로와 용기에 감사드립니다!

욥

아무런 잘못도 없이
하루아침
날벼락에
자식도 재물도 다 날리고

발바닥에서 정수리까지
악창의 공격과
하나님을 욕하고 죽으라는
아내의 저주를 들으면서도

"주신자도 여호와이시요
취하신 자도 여호와시오니
여호와의 이름이
찬송을 받으실지니이다"

"나는 먹기 전에 탄식이 나며
나의 앓는 소리는
물이 쏟아지는 것 같구나
내 살에는 구더기와 흙 조각이
의복처럼 입혔고
내 가죽은 합창되었다가
터지는구나"

통증으로 사선(死線)을 넘나들면서도
하늘 향해 원망이나 저주의 주먹질을 하는 대신
당신을 찬양하는 그의 음성을
무릎 꿇고 듣게 하소서

감사의 기도 96

일생을 살면서 욥 같은 고난을 당한 자가 이 세상에 또 있을까요? 자식과 재물을 한순간에 다 날리고 온몸에 견딜 수 없는 악창으로 시달리며, 죽으라는 아내의 저주와 절친한 친구들의 비난을 들으면서도 욥처럼 원망 대신 당신을 찬양할 사람이 또 있을까요?

욥 같은 '절대 긍정, 절대 신뢰' 자인 사람도 참을 수 없는 고통 가운데서 왜 이 땅에 자신을 생겨나게 했느냐고 탄식을 하였는데, 시간이 흐르며 그것마저 당신께 실언을 했다고 혀의 허물을 회개하였습니다. 누가 감히 욥 같은 신앙에 도전할 수 있을까요?

우리나라엔 욥처럼 자식과 재물을 동시에 잃은 건 아니지만, 자동차 사고로 온몸에 3도 화상을 입고 피부이식 수술 60회, 얼굴 성형수술 30회 이상을 받고서도 당신의 사명에 몰두한 '충무로의 욥' 채규철 같은 위인이 비견되긴 합니다.

충치 한 개의 치료에도 고통을 참기 힘들어 하는 저 같은 나약한 자는 욥 같은 신앙의 선물을 달라고 감히 당신께 말도 꺼내지 못합니다. 단지 당신이 베풀고 인도하시는 은혜로운 삶속에 가끔씩 불어 닥치는 비바람을 만날 때라도 무릎 꿇고 당신을 찬양하는 욥의 음성을 듣게 하소서! 날마다 당신이 베푸시는 은혜와 평강에 감사 찬양이라도 하는 자가 되게 하소서!

예레미야

축복의 문을 열어주지 않는다고
당신께 투덜대며
흐느끼는 가슴으로
시간의 통증을 달래는 자에게

당신을 떠난 백성들이
돌아오기를
밤새껏 혼자서 외치는
눈물의 절규를
듣게 하시니
회개의 눈물을 흘립니다

백성들의 죄를
대신 고백하며
망해가는 조국을
용서하고 구해달라는
눈물의 절규를
듣게 하시니
회개의 눈물을 흘립니다

세상의 그 어떤 축복보다도
백성과 조국을 위해
흘리는 눈물이
귀하고 아름다운 보물이란 걸
깨닫게 하시니
감사의 눈물을 흘립니다

무릎으로 피워 올린 감사꽃 200 송이

감사의 편지 97

자신과 가족을 벗어나서 기도하는 일이 많지 않은 소시민입니다. 나라와 세계를 위해서 기도를 한다고 해도 가슴 깊은 곳에서 절절히 솟아나는 기도가 아니라 형식적인 기도일 경우가 대부분이었습니다.

늘 개인의 욕구를 채워 달라는 기도가 대부분인 저에게 당신을 떠난 백성들의 죄를 대신 회개하고 망해가는 조국을 구해 달라고 밤을 새워 눈물로 기도하는 예레미야의 절규를 듣게 하시니 이기적인 자신이 한없이 부끄럽습니다.

진정한 축복은 당신의 나라와 의를 항상 먼저 구하는 기도를 하는 것이며, 저의 요구를 내세우기보다 저에 대한 당신의 목적과 사명을 위해 기도하며, 백성과 나라를 위해 기도하는 것임을 예레미야 스승의 몸부림치는 눈물의 기도를 통해 알게 하시니 감사드립니다.

저의 인생의 주인은 제가 아니라 당신이며, 살아가는 이유도 목적도 당신께서 부여하신 귀한 사명을 위한 것임을 늘 잊지 않게 하소서! 더구나 이 백성과 나라가 온 땅을 위해 당신에게 쓰임 받는 제사장 국민이 되게 해 달라고 진정으로 흘리는 눈물이 가장 큰 보물임을 늘 잊지 않게 하소서! 날마다 단 5분씩이라도 무릎으로 실천하게 하소서!

하박국

"비록 무화과나무가 무성치 못하며
포도나무에 열매가 없으며
밭에 식물이 없으며
외양간에 소가 없을지라도

나는 여호와를 인하여
즐거워하며
나의 구원의 하나님을 인하여
기뻐하리로다"

악인들이 의인들을 삼키되
당신이 잠잠할 지라도
당신 한 분만으로
기쁨의 노래를 부르는
참 믿음의 달인 앞에
감격의 탄성을 지릅니다

악한 자가 뻐기는
성공의 빛을
절망의 어둠속에서 볼지라도
당신 한 분만으로
기쁨과 감사의 노래를 부르게 하소서

감사의 편지 98

　사랑이 무한하시고 전능하시며 인간의 생사화복을 주관하시는 당신을 아버지라 하면서도 작은 기도 제목 하나가 이루어지지 않으면 믿음의 힘이 떨어지는 나약한 인간입니다. 때로는 답변이 없으신 당신 때문에 답답하다고 가슴앓이를 하며 불평과 원망을 하기도 합니다.

　이러한 저에게, 당신이 아무런 좋은 결과를 주시지 않더라도 당신 한 분만으로 충분히 만족하고 기뻐하겠다는 믿음의 거장의 음성을 듣게 하시니 감사를 드립니다. 진정한 믿음은 어떤 조건도 붙이지 않고 생명을 구원하신 당신 한 분 만으로도 기뻐하고 감사하는 것임을 새롭게 생각해 봅니다.

　때로는 세상의 부나 명예를 소유한 자가 사악한 자로 밝혀지거나 당신을 신뢰하는 경건한 자가 몹쓸 질병으로 죽을 때, 당신의 공의를 이해할 수가 없었습니다. 이제는 세상의 악한 자가 독재자로 군림하여 가난하고 나약한 백성을 괴롭힌다 하더라도, 그에 대한 심판은 전능하신 당신께 맡기고 당신만을 바라보며 기쁨과 감사의 찬양을 하게 하소서! 악한 자를 즉시 심판하지 않고 두어, 악을 미워하는 정의의 심장에 불길이 타오르게 하는 것도 당신의 깊은 섭리 중에 한 가지라고 믿습니다. 이 미련한 자가 당신의 우주적인 뜻을 어찌 다 헤아릴 수 있을까요!

야곱

팥죽 한 그릇을 미끼로
배고픈 형을 낚아
장자의 축복권리를
손아귀에 넣은 자

사람들은
윤리의 밑바닥도 없는
파렴치한 사기꾼이라고
난도질을 하기도 하지만

영적인 축복권리를
손에 넣기 위해서는
뼈가 부러져도
목숨 걸고 덤비는
그의 혈투에
경의의 무릎을 꿇습니다

기도의 향(香)만 피워 올리면
모든 걸 주신다는
당신의 약속을
귀가 따갑게 들으면서도

물질과 쾌락의 달콤한 유혹에
말씀과 기도의 축복권리를 수시로 빼앗기는
나약하고 게으른 믿음의 근육이
그의 혈투 정신과 기술을
근육의 새 힘줄로 단단케 하시니
경의의 무릎을 꿇습니다

무릎으로 피워 올린 감사꽃 200 송이

감사의 편지 99

장자에게만 특별히 물려주는 축복권리를 둘째로 태어난 야곱이 배고픈 형, 에서에게 팥죽 한 그릇을 주고 넘겨받은 야곱. 많은 사람들은 야곱을 형제 간의 윤리도 모르는 파렴치한이라고 욕을 하면서도, 팥죽 한 그릇, 즉 세 상의 물질적인 유혹에 영적인 축복권리를 포기한 에서의 실수는 간과하는 것 같습니다.

오늘날 다수의 사람들은 돈과 같은 물질, TV나 스마트폰, 컴퓨터의 유혹 에 말씀과 기도를 소홀히 하여 당신의 온갖 축복권리를 마귀에게 송두리째 빼앗기면서도 영적인 감각이 에서처럼 우둔하여 날마다 마귀의 유혹에 중 독되고 있습니다.

물질과 쾌락의 중독증에 영적인 목숨마저 위태로워지면서도, 가슴에 남아 있는 유교적 잔뿌리로 야곱의 윤리나 도덕의식을 욕하는 자들을 불쌍히 여 기시고 영적인 축복을 얻기 위해서라면 환도뼈가 부러지면서도 밤새워 기 도로 씨름하는 야곱의 혈투 정신과 기술을 배우게 하소서!

무릎조차 쉽사리 꿇지 못하는 나약한 자에게 그러한 스승의 모습을 바라 보고 본받게 하시니 감사드립니다. 눈앞의 물질과 쾌락보다 당신의 영적 축 복권리를 사모하는 믿음의 근육을 날마다 키워주소서!

삭개오

비웃음 소리가
우박처럼 쏟아지는
군중 한복판에서

자존심과 체면의 옷을
벗어던지고
호기심 많은 어린이가 되어
뽕나무 꼭대기에 올라가
당신의 시선을 붙잡아낸
키 작은 세리장

그의 심장은
당신의 심장과 만나는 순간
지난날 과오에 대한 사죄를
뜨거운 피처럼 쏟아냅니다

"내 소유의 절반을
가난한 자들에게 주겠사오며
만일 뉘 것을 토색한 일이 있으면
사 배나 갚겠나이다"

당신이 베푸시는
은혜의 강물에 살면서도
세상의 습관을 못 잊어
강둑을 수시로 넘나드는 자에게

잘못된 습관의 옷을 단번에 베어버린
스승의 단호한 믿음의 단검으로
가슴속 깊은 곳을 찌르시니
당신의 은총에 눈물을 흘립니다

감사의 편지 100

세금 징수원 키 작은 세리장. 그는 평소에 많은 사람들의 미움과 비웃음을 받으면서 외롭고 답답한 삶을 살아가고 있었을 겁니다. 그러기에 당신을 만나서 인생 상담을 꼭 한번 하고 싶었을 것 같군요.

그러던 어느 날 당신이 그의 집 근처를 지나간다는 소문을 듣고 만나기를 갈망했지만, 키가 작아 수많은 군중으로 인해 만날 수가 도저히 없었겠지요. 하지만 그는 자존심과 체면을 버리고 어린아이처럼 당신이 지나가는 길목에 있는 뽕나무 위로 올라갔습니다.

당신이 그를 발견하고 간절히 만나고자 하는 믿음을 대견히 여기시고 그의 집에 묵기로 했지요. 많은 군중들이 죄인의 집에 들어가는 걸 비난했지만 당신은 그 이상으로 그의 영혼을 사랑하셨기에 그의 집을 선택하셨겠지요. 뽕나무에 올라간 그의 용기에도 박수를 보내지만 세인을 의식하지 않으시고 죄인을 사랑하시는 당신께도 박수를 보냅니다.

그는 당신을 만나자마자 죄를 회개하며 소유의 절반을 가난한 자들에게 주겠다고 서슴없이 선언했습니다. 그의 용단에 무릎을 꿇고 경의를 표합니다. 재산의 절반을 주겠다는 어찌 그런 대단한 믿음의 말을 할 수 있을까요? 당신의 넘치는 은혜 가운데 살면서도 죄의 습관을 못 버리고 때때로 갈등하는 저를 잘 아시기에 과감히 믿음의 결단을 내리는 스승을 보여주신 은총에 감격의 눈물이 흐릅니다. 세속의 욕망으로 갈등할 때마다 믿음의 거인, 삭개오를 기억나게 하소서!

무릎으로 피워 올린

감사꽃 200송이

지은이	김완수
그림	정희순

펴낸이	채주희
펴낸곳	해피&북스
초판 1쇄	2014년 3월 31일

주소	서울시 마포구 신수동 448-6
출판등록	제 10 - 1562 (1985. 10. 29)
전화	02-6401-7004
팩스	080-088-7001

값	13,800원

IBSN 978-89-5515-512-9